Quando a família se transforma

DA CLÍNICA AOS TRIBUNAIS

PRESIDENTE DO CONSELHO
Maurício Sita

PRESIDENTE
Alessandra Ksenhuck

VICE-PRESIDENTES
Cláudia Pires
Julyana Rosa

DIRETORA DE PROJETOS
Gleide Santos

CONSULTORA DE PROJETOS
Amanda Leite

EDITOR
Enrico Giglio de Oliveira

ASSISTENTES EDITORIAIS
Júlia Almeida e Lui Navarro

REVISORAS
Gabriele Lima e Margot Cardoso

CAPA
Ana Paula Nunes Medeiros

DESIGN EDITORIAL
Lucas Yamauchi

DIAGRAMAÇÃO
Luargraf e Ana Paula Nunes Medeiros

IMPRESSÃO
Printi

Dados Internacionais de Catalogação na Publicação (CIP)
(eDOC BRASIL, Belo Horizonte/MG)

Q1 Quando a família se transforma: da clínica aos tribunais / Organizadores Nathália Della Santa Melo Dantas, Laila da Camara Lima Kurtinaitis. – São Paulo, SP: Literare Books International, 2024.
280 p. : 14 x 21 cm

Inclui bibliografia
ISBN 978-65-5922-888-1

1. Família – Aspectos psicológicos. I. Dantas, Nathália Della Santa Melo. II. Kurtinaitis, Laila da Camara Lima.
CDD 158.24

Elaborado por Maurício Amormino Júnior – CRB6/2422

LITERARE BOOKS INTERNATIONAL LTDA.
Alameda dos Guatás, 102
Vila da Saúde - São Paulo, SP. CEP 04053-040
+55 11 2659-0968 | www.literarebooks.com.br
contato@literarebooks.com.br

MISTO
Papel | Apoiando o manejo florestal responsável
FSC® C196274

COORDENAÇÃO EDITORIAL

Nathália Della Santa Melo Dantas e
Laila da Camara Lima Kurtinaitis

Quando a família se transforma

DA CLÍNICA AOS TRIBUNAIS

Literare Books
INTERNATIONAL
BRASIL • EUROPA • USA • JAPÃO

AGRADECIMENTOS

Sou feita de retalhos.
Pedacinhos coloridos de cada vida que passa pela minha e que vou costurando na alma.
Nem sempre bonitos, nem sempre felizes, mas me acrescentam e me fazem ser
quem eu sou.
Em cada encontro, em cada contato, vou ficando maior...
Em cada retalho, uma vida, uma lição, um carinho, uma saudade...
Que me tornam mais pessoa, mais humana, mais completa.
E penso que é assim mesmo que a vida se faz: de pedaços de outras gentes que vão se tornando parte da gente também.
E a melhor parte é que nunca estaremos prontos, finalizados...
Haverá sempre um retalho novo para adicionar à alma.
(...)
E que assim, de retalho em retalho, possamos nos tornar, um dia, um imenso bordado de "nós".

Cris Pizzimenti, "Sou feita de retalhos"

A nossas famílias, pelo apoio incondicional e por serem nossa principal fonte de afeto.

Às autoras, que compartilharam conosco o sonho deste projeto.

A todas as pessoas que atendemos, no consultório e no tribunal, que nos deram a honra de conhecer suas histórias, suas dores, e que tiveram a inspiradora coragem de compartilhar conosco suas vulnerabilidades.

Este livro é, em grande parte, fruto de tudo o que aprendemos com vocês.

Com carinho,

Nathália e Laila

SUMÁRIO

PREFÁCIO

Psicológico

O livro *Quando a família se transforma* surge em um momento crucial para a prática psicológica e o apoio às famílias em crise. No complexo universo das relações humanas, o divórcio emerge como um dos eventos mais desafiadores e transformadores que uma família pode enfrentar. Embora a separação conjugal seja frequentemente abordada sob a perspectiva dos seus efeitos emocionais e sociais, há uma necessidade premente de entender a fundo como ela pode ser gerida de maneira saudável e construtiva, tanto para os indivíduos envolvidos quanto para a unidade familiar como um todo.

Este livro é um abraço para essas famílias em transformação. De forma acolhedora, cada capítulo aborda temas relevantes e essenciais para todos aqueles que buscam compreender e lidar com as múltiplas dimensões do divórcio e sua intersecção com a psicologia e a orientação parental, oferecendo uma abordagem prática baseada em evidências.

Conforme o leitor avança por este livro desenvolvido em coautoria, cujos capítulos também podem ser lidos isoladamente, há a compreensão do impacto do divórcio sobre a estrutura familiar, abordando questões essenciais relacionadas ao tema, como por exemplo a alienação parental, um fenômeno devastador que pode surgir durante ou após a separação. Trata-se de um tema crítico que requer atenção especializada.

A separação conjugal litigiosa, muitas vezes marcada por batalhas legais acirradamente disputadas, é outro assunto profundamente explorado. O livro apresenta uma análise cuidadosa das implicações emocionais e práticas de um divórcio litigioso, destacando como a resolução de conflitos e o suporte adequado podem transformar a experiência para melhor. Por meio de estudos de caso e análises práticas, o leitor é guiado para compreender e evitar os aspectos mais destrutivos desse tipo de separação, priorizando o bem-estar de todos os envolvidos.

Destinado a famílias em processo de separação e profissionais que trabalham com elas, este livro serve como um recurso valioso para conscientização e prática informada. O objetivo principal é destacar a importância do acompanhamento especializado e do estudo contínuo para manejar a separação conjugal de maneira que minimize os danos e promova um processo de adaptação saudável.

Por meio de uma compreensão mais profunda das dinâmicas emocionais e psicológicas envolvidas, podemos não apenas enfrentar os desafios do divórcio de maneira mais eficaz, mas também fomentar ambientes familiares mais harmoniosos e resilientes.

Iara Luísa Mastine
Psicóloga e neuropsicóloga infantojuvenil
CRP 06/79032

Psicojurídico

Já está chegando a hora de ir
Venho aqui me despedir e dizer
Em qualquer lugar por onde eu andar
Vou lembrar de você
Só me resta agora dizer adeus
E depois o meu caminho seguir
O meu coração aqui vou deixar
Não ligue se acaso eu chorar, mas agora adeus
Só me resta agora dizer adeus.

ROBERTO CARLOS, "Despedida"

Eduardo e Emanuele se conheceram em meados da faculdade de comunicação e se enamoraram à primeira vista. A paixão foi intensa durante dois anos, os amigos ficaram impressionados com o companheirismo e cumplicidade do casal. De forma não planejada, Emanuele ficou grávida no último período da faculdade, teve uma gravidez complicada, precisou faltar às aulas; necessitou de assistência médica, que foi custeada pela família dela; e a chegada da filha, Sofia, que deveria ser motivo para fortalecer a união do casal, foi, na verdade, a causa de brigas: brigas por contas, por tarefas da casa, por Emanuele estar se sentindo culpada e prejudicada em ter que trancar o último período da faculdade em razão de recomendações médicas.

A paixão cedeu espaço para uma triste realidade: uma filha recém-nascida em meio a um lar não estruturado, um par parental que não estava mais trilhando os estudos junto, e um par conjugal que já não sabia se queria ficar junto. O casal decidiu se separar. No início, o convívio de Eduardo com a filha era frequente e regular, mas, um tempo depois, ele arrumou um emprego para trabalhar nas madrugadas e, a fim de descansar, passou a abrir mão das manhãs que passava com a filha. O convívio foi ficando cada vez mais irregular e esporádico.

Até que Emanuele, sem conseguir concluir os estudos, tendo uma criança pequena sob sua responsabilidade e se sentindo muito só, sem avisar, decidiu se mudar para a casa dos pais, em outro estado, o que dificultou bastante o convívio de Eduardo com Sofia.

Moral: Sofia cresceu e, entre ela e o pai, não se formou laço de afeto estruturado o suficiente para suportar a distância física. Os dois viraram estranhos um para o outro. Sofia não sentia falta do pai, pois ele nunca esteve presente; Eduardo sentia mágoa de Emanuele por ter ido embora com a filha.

Essa é uma história ficcional, mas poderia ser realidade. Cotidianamente, casais batem à porta da rede de atendimento da criança e do adolescente buscando uma solução para as dificuldades relativas à convivência com os filhos e, comumente, a causa alegada por quem encontra resistência por parte da criança é a alienação parental.

A alienação parental é um fato social, é um fenômeno psicológico e, enquanto fenômeno psicológico, pouco se tratou do tema. Somos carentes de pesquisas, de estudos científicos que possam indicar se o fenômeno é de gênero, se tem classe social, se acontece associado à ruptura da relação conjugal. Fato é que, independentemente do que se tem hoje, a presente obra é uma grande contribuição para o estudo desse fenômeno, escrita por profissionais experientes e que trazem olhares da psicologia, do serviço social, do direito e da pedagogia sobre os processos judiciais e sobre os conflitos familiares. A obra passeia por temas como divórcio, guarda, violência doméstica e alienação parental. E o mais importante: aborda como lidar com o tema, orienta famílias sobre como tratar essa ferida aberta, que é a alienação parental, por parte de quem vive em um cenário de afastamento dos filhos. Mais do que diagnosticar, precisamos tratar e oferecer caminhos às famílias em litígio. O Brasil carece de políticas públicas sobre o tema e a presente obra é um instrumento de grande valia para quem busca ajuda, seja na qualidade de operador do direito, da psicologia ou enquanto familiar que sofre com essas questões.

Deixo aqui um apelo às autoras: que não parem de escrever, de pesquisar e de publicar os resultados, pois uma sociedade mais justa e solidária, tão sonhada por nós, carece de gente séria que se debruça sobre temas polêmicos e difíceis, como os apresentados na presente obra.

Deixo aqui o meu abraço às Sofias – sempre é tempo de recomeçar.

Deixo o meu abraço aos Eduardos – o adeus pode ser transitório.

Deixo o meu abraço às Emanueles – o tempo cura.

E, às autoras, o meu desejo de que estas palavras alcancem muitas famílias que sofrem; e que possamos, quem sabe em um futuro breve, olhar para trás e ver o quanto somos capazes de unir, de somar e transformar a dor da perda em reencontro, o adeus em até breve.

Glicia Brazil
Niterói, 31 de julho de 2024,
em uma tarde de inverno.

Jurídico

O ato da criação divina apresenta a criação do homem como etapa culminante desse auspicioso episódio que simboliza a vida em seus primórdios. O gesto generoso do Criador se completa ao repassar ao homem, por excelsa misericórdia paternal, a responsabilidade de criar a convivência. Essa é a leitura que justifica a complexidade do ato de conviver, o grande desafio da família humana.

A convivência é, então, dever do homem, que torna legítimo seu direito de conviver. Houvesse essa compreensão, livros como este nem precisariam ser editados. Suas lições estariam constituindo aspectos fundamentais da moralidade social, isto é, dos costumes do homem moderno, herdeiro de um patrimônio histórico enriquecido por notáveis biografias.

No entanto, esta obra é fundamental. Apresenta-se como contribuição indispensável por ser um grito de socorro da família humana na expectativa de conviver e progredir; em outras palavras, de cumprir o que lhe cabe cumprir e usufruir dos benefícios da modernidade conquistada pelo esforço de nossos antepassados. As incompreensões, os gestos de intolerância, a indiferença ofensiva a direitos fundamentais já reconhecidos pelos ordenamentos jurídicos modernos, que abarrotam os birôs do judiciário em busca de solução, tudo isso, ainda infelizmente tão constante, clama pela intervenção do bom senso, que infelizmente continua a ser desatendido.

As experiências relatadas nesta obra revelam, para além das lições que nos proporcionam, uma conotação humanizada e bastante sentida, apresentada por uma gama de profissionais dedicados ao trabalho como um cais que se entrega a uma embarcação. Tentam, suas autoras, prover as famílias em desalinho de instrumentos suficientemente capazes de não apenas resolver o processo judicial a que estejam ligados, mas, sobretudo, de restaurar o tecido familiar ou, ao menos, estabelecer um nível pacífico de convivência humana, que possa ser vivenciado por todos.

As abordagens apresentadas pelas autoras ultrapassam os limites jurídicos, processuais e até as relações sociais das famílias em conflito. Como profissionais que desenvolveram a capacidade de sentir, ampliaram a percepção, expandiram os horizontes de suas análises, superando as proposições científicas ou técnicas. Suas lições sugerem relações que preservem e aperfeiçoem o convívio familiar harmônico, consciente das obrigações advindas da constituição de um lar como célula fundamental da sociedade, ao mesmo tempo em que chamam a atenção para a importante responsabilidade individual assumida perante a lei e a mesma sociedade.

Os temas abordados são instigadores e, alguns, angustiantes: a pedagogia da educação parental, a guarda compartilhada pós-desenlace das uniões, a coparentalidade pós-divórcio. Também a violência doméstica, o conflito insuflado na alma das crianças, a sordidez da alienação parental, o abuso sexual na infância e na adolescência, entre muitos outros aspectos que esses episódios costumam propiciar.

Em minha visão de mundo, somos cocriadores de Deus na humanidade. Logo, o instituto doméstico, criação do homem, célula fundamental da sociedade, tem, por isso, em princípio, origem divina, por ser o ninho onde se cultivam os fundamentos da própria sociedade, inspirados no amor, no bem-querer, na corresponsabilidade que a convivência no "domo" inspira, como modelo ideal para a edificação de um mundo melhor.

Na constituição de tão magnífica instituição, havemos de compreender que o exercício da maternidade, da paternidade, da condição filial e da parentalidade como um todo, é verdadeira outorga do Alto para cada um de nós.

Esta obra, concebida ao toque de mãos hábeis da sensibilidade feminina, nos habilita a responder positivamente, a compreender e melhor entender a suprema indagação que se fará ao homem um dia ou em todos os dias de nossa vida: "Que fizestes dos filhos que vos confiei?".

Tenha você, caro leitor, uma boa e proveitosa leitura.

E mãos à obra.

Humberto Vasconcelos Júnior
Desembargador do Tribunal de Justiça de Pernambuco
Recife, julho de 2024.

TRODUÇÃO

A família é a base primordial das relações humanas. É dentro da estrutura familiar que os indivíduos aprendem valores, normas sociais e habilidades essenciais para a vida. Além de fornecer apoio emocional e segurança, a família é o primeiro ambiente em que se desenvolvem laços afetivos profundos e se cultivam memórias compartilhadas. Essa instituição desempenha um papel crucial na formação da identidade e na promoção do bem-estar emocional de seus membros, influenciando diretamente seu desenvolvimento ao longo da vida.

A despeito disso, os conflitos familiares têm sido uma constante ao longo da história, refletindo as dinâmicas sociais, econômicas, psicológicas e culturais de cada época. No século XX, com o avanço dos direitos civis e a emancipação das mulheres, surgiram novas formas de conflito relacionadas à igualdade de gênero, divisão de responsabilidades e direitos parentais. Ainda assim, questões como violência doméstica e alienação parental persistem como desafios significativos, ampliando a complexidade dos conflitos familiares modernos. Atualmente, a diversidade de estruturas familiares também ampliou o espectro de conflitos.

Em nossa prática vinculada às varas de família, realizamos perícias psicológicas das famílias que estão com processos tramitando na Justiça. Nesse cenário, podemos perceber uma dinâmica de litígio na qual as pessoas, presas na lógica adversarial, negligenciam os prejuízos emocionais que tais situações podem trazer para seus membros, sobretudo para os filhos. Em contrapartida, não raramente, esses mesmos contextos de conflitos familiares batem à porta das clínicas e chegam às salas de aula, revelando em outros contextos o sofrimento existente em decorrência da dificuldade na elaboração de algumas transformações familiares.

Este livro nasceu de nossa percepção da necessidade da construção de um material que pudesse reunir conhecimentos sobre questões familiares que estão na interface entre a clínica e o judiciário. Por vezes, na prática, apesar das áreas serem interligadas, parece evidente o abismo existente entre elas.

Pensando nisso, reunimos um time de autoras que pudesse contribuir, por meio de uma linguagem clara e acessível, para a produção de um material não apenas para profissionais que trabalham com famílias, mas também para todos aqueles que têm interesse pela temática ou que estejam vivenciando algum tipo de transformação familiar.

Esta obra é um mosaico de capítulos que nos leva pelos labirintos dos conflitos familiares, do divórcio, da guarda de filhos e da alienação parental, até os sombrios recantos da violência doméstica. Cada tema é abordado sob a lente atenta dos olhares clínico e jurídico, com a intenção de acalmar as dores e auxiliar na ressignificação das configurações das famílias.

As autoras desta coletânea foram cuidadosamente escolhidas, pois são mulheres que não apenas admiramos, mas que irradiam sensibilidade, experiência e competência. Elas, assim como nós, dedicam-se com paixão ao que fazem. Convidamos todos vocês para mergulharem conosco nesse universo, que representa a nossa luta diária pela saúde mental das famílias em toda sua diversidade e complexidade.

Nathália Della Santa Melo Dantas
Laila da Camara Lima Kurtinaitis

01

ALIENAÇÃO PARENTAL
A INTERFACE ENTRE O DIREITO E A PSICOLOGIA

O tema da alienação parental tem sido amplamente debatido no direito de família e na psicologia. Nas últimas duas décadas, o assunto foi pauta de discussões entre essas duas ciências. O termo também foi amplamente divulgado nos debates públicos e tem ganhado notoriedade na sociedade. Este capítulo busca analisar os argumentos contra e a favor da Lei da Alienação Parental e oferecer melhor compreensão sobre esse tema.

NATHÁLIA DELLA SANTA MELO DANTAS

Nathália Della Santa Melo Dantas

Psicóloga clínica e jurídica. Graduada pela Universidade Federal de Pernambuco (UFPE). Especialista em Neurociências e Comportamento pela PUC-RS. Mestre em Neuropsiquiatria e Ciências do Comportamento pela UFPE. Formação em psicoterapia cognitivo-comportamental. Psicóloga do Tribunal de Justiça de Pernambuco.

Contato
nath.dellasanta@gmail.com

Introdução

O tema da alienação parental tem sido amplamente debatido no Direito de Família e na Psicologia. Nas últimas duas décadas, o assunto foi pauta de discussões entre essas duas ciências. O termo também foi amplamente divulgado nos debates públicos e tem ganhado notoriedade na sociedade.

Apesar de ser um fenômeno antigo, um acontecimento lançou luz sobre o assunto em 1985. O psiquiatra americano Richard A. Gardner cunhou o termo Síndrome da Alienação Parental (SAP), que, segundo ele, seria um conjunto de sintomas que os filhos de casais vivenciando um divórcio litigioso apresentariam (Barbosa; Castro, 2013). Gardner tinha a intenção de que a SAP fosse reconhecida pelo Manual Diagnóstico e Estatístico dos Transtornos Mentais, o que nunca aconteceu até os dias atuais (Madaleno; Madaleno, 2022). Para que haja o reconhecimento científico de uma Síndrome, é necessária uma vasta gama de pesquisas científicas que a fundamentem, o que não é o caso da Síndrome da Alienação Parental, e por isso ela segue à margem do reconhecimento científico.

No entanto, a literatura que aborda o tema alienação parental, tanto no direito quanto na psicologia, comete recorrentes equívocos conceituais, não diferenciando a síndrome da alienação parental do fenômeno da alienação parental. O próprio Richard Gardner fazia essa distinção e deixou claro que ele defendia a consistência da síndrome, e que ela só poderia ser diagnosticada a partir de sintomas apresentados pela criança, e não pelo nível de campanha desqualificadora entre os pais (Barbosa; Castro, 2013).

Diferentemente da síndrome, que indica a existência da patologia na criança, e que nunca foi validada e reconhecida pelos manuais diagnósticos, a existência do fenômeno da alienação parental é indiscutível. Trata-se de um fenômeno humano, causado por dificuldades de natureza psicológica diante do luto do divórcio, como inabilidade no manejo das emoções, dificuldade no processamento do luto e déficits nas habilidades socioemocionais de maneira geral. A constatação da existência de pais e mães que, quando se separam, consciente ou inconscientemente, praticam atos que dificultam a relação dos filhos com o outro genitor, é reconhecida sem esforço por todos que se propõem a observar as relações humanas, sobretudo no contexto familiar.

Logo, o conceito de fenômeno de alienação parental está muito mais próximo do que Douglas Darnall, discípulo de Gardner, propôs do que das construções do próprio Gardner. Para Darnall, a alienação seria um processo. Seria um conjunto de comportamentos que, consciente ou inconscientemente, poderia provocar perturbação no relacionamento da criança com o(s) genitor(es), com o objetivo de fragilizar o relacionamento entre eles (Barbosa; Castro, 2013).

O fenômeno da alienação parental é estruturalmente decorrente da dificuldade de distinção entre as questões relacionadas à conjugalidade e à parentalidade. Por vezes, a conjugalidade e a parentalidade são exercidas concomitantemente, no entanto, quando há o rompimento da relação, pode ser difícil separar questões da conjugalidade não mais existente e da parentalidade, que perdura independentemente do relacionamento amoroso.

A separação dessas duas esferas realmente não é um trabalho fácil, sobretudo quando ele deve ser feito em um momento de grande dor e fragilidade para os adultos envolvidos. O divórcio é reconhecido como uma das piores e mais devastadoras perdas da vida adulta, e vivenciá-lo, quando também é necessário ter sabedoria para manejar a situação com crianças intimamente ligadas ao processo, torna essa missão ainda mais complexa.

Sobre a Lei 12.318 referente à alienação parental

No Brasil, o assunto ganhou força com a promulgação da Lei 12.318, em 2010. Com legislação própria vigente, a polêmica sobre sua adequabilidade e funcionalidade só tem aumentado desde a sua publicação. Grupos que defendem e criticam têm se tornado cada vez mais fortes e oponentes. Além do conflito entre o olhar do direito e da psicologia, o tema também gera embates e discordâncias dentro da própria Psicologia.

A lei traz o conceito do fenômeno (não cita a síndrome), descreve os atos considerados típicos da alienação parental e estabelece sanções para quem os praticar. A construção da lei teve como objetivo principal a proteção dos direitos da criança, que tem o direito à ampla convivência familiar e à manutenção de relacionamento saudável e significativo com os pais, independentemente da relação conjugal.

Fortes críticas têm sido feitas à lei. Os argumentos contra ela decorrem da análise de que seria excessiva a intervenção do Estado na autonomia parental e em questões privadas da família. Alguns argumentam que a lei pode interferir na autonomia parental, forçando uma presença contínua de ambos os pais na vida da criança, mesmo quando isso pode não ser saudável ou seguro.

Também há fortes críticas ao possível uso indevido da lei, com preocupações de que alegações falsas de alienação possam ser feitas como uma tática para ganhar vantagem em disputas de guarda, o que poderia levar a mais conflitos judiciais.

Um dos atos qualificados pela lei que indicaria o fenômeno da AP é a falsa denúncia de abuso sexual. Esse é o maior ponto de crítica à lei. Considerando que a denúncia de abuso pode ser desqualificada com a alegação de que se trata de uma alienação parental, a lei poderia vulnerabilizar a criança e colocá-la em risco, em contato com um possível abusador.

Em contrapartida, pode-se compreender que a lei busca um equilíbrio parental, dificultando o exercício desproporcional de poder entre os pais. Considerando as mudanças nas configurações familiares e contextualizando historicamente a discussão, é interessante levar em conta que, por muito tempo, os papéis de pai e mãe eram claramente delimitados, em que o pai era o provedor e a mãe exercia os cuidados com a casa e com os filhos. Esses papéis vêm se modificando há anos. Há um movimento no qual os homens estão mais participativos nos cuidados parentais e as mulheres também estão trabalhando externamente e contribuindo com a renda da casa. Dessa forma, os papéis estão mais difusos e, ao longo do tempo, as famílias estão buscando uma readaptação na sua dinâmica e papéis parentais.

Ademais, a lei é um instrumento de regulação social. Considerando os prejuízos e os sofrimentos que as crianças vivenciam quando são colocadas como objetos de barganha em meio ao litígio dos pais, a AP pode ser vista como um tipo de violência psicológica com possíveis e graves danos ao desenvolvimento infantil a médio e longo prazo. Inclusive, a Lei 13.431, de 2017, que estabelece o sistema de garantias de direitos da criança e do adolescente vítima ou testemunha de violência, no seu art. 4º, qualifica a alienação parental como violência.

A eficácia das leis depende de vários fatores: sua clareza e aplicabilidade, capacidade de implementação, conscientização pública, disponibilidade de recursos para fiscalização e intervenção, e a cultura social em que essas leis são aplicadas.

Uma das funções das leis é a conscientização e a educação da sociedade. Por si só, elas não mudam comportamentos de forma automática, mas produzem efeitos na construção de novos hábitos e culturas, e podem ser um forte instrumento de prevenção. Mudar comportamentos profundamente enraizados, como a dinâmica entre pais e filhos após a separação, pode exigir um esforço maior, incluindo também ações educacionais em ambientes como escolas, clínicas e conselhos tutelares.

Para mim, que trabalho há uma década como psicóloga jurídica do Tribunal de Justiça de Pernambuco, o maior problema relacionado à Lei da Alienação Parental é a complexidade na avaliação dos casos.

A avaliação do fenômeno da alienação parental é um dos trabalhos mais complexos do psicólogo jurídico, uma vez que, por vezes, engloba situações de violência em todas as suas dimensões, inclusive denúncias de abuso sexual. Essas denúncias podem ser reais ou podem ser o último grau de um processo de Alienação Parental. Esse diagnóstico diferencial tem enorme impacto na vida da criança e da família envolvida, e, naturalmente, muda completamente as decisões e encaminhamentos do caso.

A gravidade e complexidade do assunto, e as suas possíveis repercussões, alertam para o importante papel do avaliador, assim como a qualidade técnica do trabalho que deve ser realizado pela equipe multiprofissional, em especial pelos psicólogos. Ainda não há um protocolo ou um sistema de avaliação desses casos que possa ser compartilhado entre os profissionais que trabalham com a temática (Hutz; Bandeira; Trentini; Rovinski; Lago, 2020).

É essencial que os profissionais que trabalham com crianças e com famílias tenham conhecimento aprofundado sobre o assunto, seja na clínica ou no meio jurídico, para que saibam identificar, orientar e manejar as situações que envolvam alienação parental de forma técnica e ética.

Em uma pesquisa realizada em 2017 sobre perícias psicológicas em processos judiciais envolvendo suspeita de alienação parental (Fermann; Chambart; Foschiera; Bordini; Habigzang, 2017) por meio da análise de laudos, concluiu-se que ainda não existe um consenso sobre os aspectos que devem ser analisados, os critérios e indicativos para avaliação do fenômeno pelos profissionais peritos. O artigo concluiu que não há um padrão para a realização dessa avaliação.

A falta de consenso para definição operacional de AP pode gerar dificuldades na avaliação de supostos casos. Verifica-se a necessidade de critérios e indicadores que caracterizem o fenômeno da AP e, a partir disso, a existência de protocolos e instrumentos validados e padronizados para avaliação psicológica de AP baseados em evidências empíricas (Gomide *et al.*, 2016, como citado em Fermann *et al*, 2017, p. 37).

O psicólogo Daniel Kahneman (2021), ganhador do prêmio Nobel de economia em 2002, no seu livro *Ruído: uma falha no Julgamento Humano*, lançado em 2021, chama de "ruído" a interferência pessoal na análise e no julgamento do ser humano em diversas áreas como na medicina, direito, saúde pública, previsão econômica, ciência forense, proteção à criança, avaliações de desempenho etc. Segundo o autor, essa diferença de avaliação dos mesmos problemas entre profissionais distintos é muito maior do que o esperado, e causa grande prejuízo às pessoas e aos sistemas. Kahneman, relatando uma série de pesquisas, inclusive de julgamentos no Direito, conclui que, quando um processo é julgado, a sentença é como uma loteria, uma vez que a diferença entre os julgadores é significativa.

No contexto das avaliações psicológicas forenses, além das interferências pessoais nos recortes e na análise dos casos, as diferenças também podem ser compreendidas como autonomia técnica. A natureza dos conflitos e questões típicas da área de família, com realidades socioculturais e peculiaridades típicas de cada família, revela que cada caso é único, exigindo estudo constante, e que as avaliações sejam realizadas de forma personalizada.

Apesar de compreender o necessário ajuste a cada caso, uma das sugestões que Kahneman (2021) aponta para a diminuição do "ruído" é a construção de procedimentos que possam ser executados como um norte para sua execução de forma relativamente semelhante. Se pontos ou aspectos específicos forem estabelecidos como eixo da avaliação, é possível que as divergências eminentes não ocorram a ponto de causarem prejuízos na avaliação (Kahneman, 2021).

É importante destacar que, em outros países, já existe a utilização de protocolos gerais para a avaliação psicológica no contexto forense. Apesar de algumas críticas, essa parece ser uma tendência, na busca de um sistema mais coeso e uniforme. Na área da avaliação com crianças vítimas de abuso, por exemplo, já existem protocolos de entrevistas fundamentadas cientificamente, como o proposto pelo National Institute of Child Health and Human Development e o *Protocolo Brasileiro de Entrevista Forense*. Esses protocolos têm como objetivo certa padronização do procedimento, de forma que a situação seja conduzida de forma relativamente semelhante entre os profissionais. Dessa maneira, busca-se reduzir as interferências pessoais e demasiadamente subjetivas nos procedimentos, contribuindo para uma análise mais uniforme, independentemente do profissional designado para a realização do trabalho (Hutz *et al.*, 2020).

No Brasil, o Sistema de Avaliação do Relacionamento Parental (SARP) foi construído e validado pela psicóloga Vivian de Medeiros Lago (2012), na sua tese de doutorado em 2012, na Universidade Federal do Rio Grande do Sul, vencedora do

Prêmio Capes de Tese 2013, que teve como objetivo uniformizar procedimentos na avaliação em disputas de guarda e regulamentação de convivência entre pais e filhos. O SARP é um exemplo de um instrumento de avaliação forense que oferece quadros de referência para as perícias (Lago, 2012).

Embora os casos sejam diferentes e precisem ser vistos de forma personalizada, a criação de uma metodologia validada e com fundamentação científica pode auxiliar na realização de avaliações e perícias com qualidade em casos com denúncias de alienação parental. Assim, é possível minimizar o sofrimento das famílias que estão imersas nesse contexto, além de tratá-las de forma mais justa e respeitosa.

Considerações finais

Considerando todo o exposto, é possível observar que, embora haja argumentos que fundamentem tanto a manutenção da lei quanto a sua revogação, compreendo que revogar a lei seria um retrocesso. Observamos todos os dias crianças sofrendo nos corredores e salas dos tribunais com situações nas quais são colocadas em meio a uma guerra na qual devem escolher "um lado" ou se posicionar diante de situações que não devem ser decididas por crianças. Conforme mencionado, a lei é um instrumento de regulação social e de transformações culturais. Ela representa um interdito de situações que podem ser prejudiciais à saúde mental das crianças.

Talvez, se todo o investimento de debates e de energia dos profissionais da psicologia, do direito e das áreas que lidam diretamente com a temática fosse direcionado para uma melhor capacitação na forma de avaliação da alienação parental e na construção de projetos e políticas públicas para conscientização e suporte às famílias que estão em sofrimento, os resultados de tantas discussões seriam mais produtivos e eficientes para a sociedade. Negar o uso do termo não parece auxiliar na compreensão do fenômeno e nem no manejo dos conflitos familiares.

Por fim, embora as leis possam ser ferramentas importantes para inibir certos comportamentos, devem ser consideradas como parte de uma abordagem mais ampla. Uma combinação de leis bem formuladas, educação, intervenções apropriadas e uma cultura de respeito pelos direitos das crianças pode contribuir para uma redução dos comportamentos prejudiciais e promover relacionamentos saudáveis entre pais e filhos após a separação.

Referências

BARBOSA, L. P. G.; CASTRO, B. C. R. *Alienação parental:* um retrato dos processos e das famílias em situação de litígio. Brasília: Liber livros, 2013.

BRASIL. Lei n. 12.318 de 26 de agosto de 2010 (2010). Dispõe sobre a alienação parental e altera o Art. 236 da Lei n. 8.069 de 13 de julho de 1990. *Diário Oficial da União*. Brasília, DF. p. 3-27, 2010.

BRASIL. Lei n. 13.431, de 4 de abril de 2017. Estabelece o sistema de garantia de direitos da criança e do adolescente vítima ou testemunha de violência e altera a Lei n. 8.069, de 13 de julho de 1990 (Estatuto da Criança e do Adolescente). *Diário Oficial da União*. Brasília, DF, 5 abr. 2017. Disponível em: https://www.planalto.gov.br/ccivil_03/_ato2015-2018/2017/lei/L13431.htm. Acesso em: 27 jun. 2024.

CEZAR-FERREIRA, V.; MACEDO, R. M. S. *Guarda Compartilhada*: uma visão psicojurídica. Porto Alegre: Artmed, 2016.

HABIGZANG, L. F. *et al.* Perícias Psicológicas em Processos Judiciais Envolvendo Suspeita de Alienação Parental. *Psicologia:* ciência e profissão, v. 37 n. 1, 35-47, jan/mar. 2017. Disponível em: https://doi.org/10.1590/1982-3703001202016. Acesso em: 12 jan. 2024.

HUTZ, C. S.; BANDEIRA, D. R.; TRENTINI, C. M.; ROVINSKI, S. L. R.; LAGO, V. M. *Avaliação psicológica no contexto forense*. p. 55-69. Porto Alegre: Artmed, 2020.

KAHNEMAN, D.; SIBONY, O.; SUNSTEIN, C. R. *Ruído:* uma falha no julgamento humano. São Paulo: Objetiva, 2021.

LAGO, V. de M. *Construção de um sistema de avaliação do relacionamento parental para situações de disputa de guarda*. 2012. Tese (Doutorado em Psicologia) – Universidade Federal do Rio Grande do Sul, Porto Alegre, RS, 2012. Disponível em: https://lume.ufrgs.br/bitstream/handle/10183/56830/000855861.pdf?sequence=1. Acesso em: 12 jan. 2024.

MADALENO, A. C.; MADALENO, R. *Alienação parental:* importância da detecção aspectos legais e processuais. Rio de Janeiro: Forense, 2022.

02

A TERAPIA COGNITIVO-COMPORTAMENTAL E O DIVÓRCIO

DA COMPREENSÃO À INTERVENÇÃO

Este capítulo busca explicar, por meio de conceitos da terapia cognitivo-comportamental, o motivo pelo qual para algumas pessoas o divórcio pode ser mais difícil que para outras, aprofundando-se em como as crenças centrais influenciam os pensamentos, as emoções e os comportamentos a respeito do divórcio e como essa abordagem pode auxiliar as pessoas que vivenciam dificuldades durante o processo de separação.

LAILA DA CAMARA LIMA KURTINAITIS

Laila da Camara Lima Kurtinaitis

Psicóloga clínica e jurídica. Graduada pela Universidade Federal de Pernambuco (UFPE). Especialista em Terapia Cognitivo-comportamental pela Unifafire. Mestre em Neuropsiquiatria e Ciências do Comportamento pela UFPE. Psicóloga do Tribunal de Justiça de Pernambuco.

Contatos
lailakurtinaitis@yahoo.com.br
Instagram: @laila_kurtinaitis
81 98804 9327

Introdução

"*E foram felizes para sempre...*". Esta é a frase que encerra muitos contos de fadas e, geralmente, ela aparece logo depois de um casamento. Frase que, após ser lida e ouvida várias vezes, acaba sendo tomada como verdade e causando a impressão de que o casamento é o caminho para a felicidade, para uma vida de sucesso. O que não se fala, mas que é sabido por quem vive, é que casamentos, na maioria das vezes, não são fáceis. Eles necessitam de diálogo, concessões e muitas abdicações.

Casamentos nem sempre dão certo e, quando realmente não funcionam, uma alternativa pode ser o divórcio. De acordo com dados do Instituto Brasileiro de Geografia e Estatística (IBGE), o número de divórcios no Brasil já vinha crescendo nos cinco anos anteriores e atingiu o seu recorde no segundo semestre de 2020. Com o número crescente de divórcios, novas configurações familiares estão cada vez mais presentes na nossa sociedade.

Todavia, mesmo diante desse novo contexto social, o divórcio não é um processo fácil, uma vez que traz mudanças de várias ordens e exige grande capacidade de adaptação por parte de todos os envolvidos. Como consequência do divórcio, os membros da família passam por mudanças em sua rotina e dinâmica familiar. Muitas vezes, haverá mudança de domicílio, no padrão de vida da família, além de planos e sonhos construídos na vigência do casamento que precisarão ser revistos ou abandonados.

Diante disso, compreende-se que, mesmo com o número crescente de separações, o divórcio está longe de ser um processo fácil para os envolvidos. Por outro lado, quando o casamento é permeado por brigas e conflitos para os quais não se encontra uma solução, a separação conjugal pode ser considerada a alternativa menos danosa para os envolvidos, inclusive para os filhos, caso o casal os tenha.

Este capítulo não versará sobre as dificuldades e adaptações naturais aos envolvidos no processo de divórcio, pois isso é o esperado diante de uma grande mudança não planejada e, por vezes, não desejada. Este capítulo falará sobre pessoas que têm uma dificuldade maior para lidar com essa realidade e acabam por transformar a separação em algo ainda mais doloroso e conturbado. Pessoas que associam o final do casamento a um fracasso pessoal ou se sentem rejeitadas com o fato de o parceiro pedir a separação.

Na tentativa de compreender o que acontece com essas pessoas, este capítulo busca explicar, através de conceitos da terapia cognitivo-comportamental (TCC), como as crenças centrais influenciam os pensamentos, emoções e comportamentos a respeito do divórcio e como essa abordagem pode auxiliar as pessoas que vivenciam dificuldades decorrentes do processo de separação.

O divórcio pela perspectiva da TCC

De maneira resumida, entende-se que a TCC foi proposta pelo psiquiatra e psicanalista norte-americano Aaron Beck, no final da década de 1960. A TCC representa o que foi chamada de "quarta força" na psicoterapia, que até então era um campo dominado pela psicanálise, pelo behaviorismo e pelo humanismo.

A TCC, através do que a abordagem chama de modelo cognitivo, enfatiza a maneira como as nossas cognições, sobretudo os pensamentos, podem afetar os nossos sentimentos e os comportamentos. Desta forma, supõe-se que o modo como a pessoa entende a realidade influencia o seu estado de humor e o seu comportamento.

A atividade cognitiva repercute nas respostas da pessoa ao seu ambiente e, até certo ponto, prescreve o grau de adaptação ou desajuste do indivíduo. Se compreendemos o mundo de forma funcional, teremos uma conduta adaptativa, em contrapartida, se nossa compreensão for distorcida, acabamos por sofrer e ter comportamentos disfuncionais (Dobson; Scherrer, 2004).

Podemos usar o divórcio para ilustrar os conceitos acima. Se a pessoa compreende a separação como uma forma de ter uma vida melhor, saindo de um relacionamento que não está funcionando (ainda que não seja o que ela planejou quando se casou), ela provavelmente experimentaria emoções agradáveis como expectativa e esperança, ainda que também venha a sentir tristeza e frustração e viva momentos difíceis durante a separação.

Todavia, caso a pessoa entenda o final do casamento como um fracasso pessoal ou se sinta rejeitada pelo parceiro que não quer manter a relação, provavelmente o divórcio mobilizará nela emoções predominantemente negativas e ela terá dificuldades em vislumbrar a possibilidade de alguma melhora na sua vida advinda da separação.

Em ambos os casos, é provável que o comportamento acompanhe a cognição e o estado de humor. Assim, no primeiro caso, é mais provável que a pessoa tenha um comportamento mais funcional e colaborativo diante do processo de divórcio do que no segundo caso.

Para que possamos compreender melhor o motivo pelo qual pessoas têm pensamentos tão diferentes em situações semelhantes, vamos nos aprofundar um pouco mais a respeito de alguns conceitos da TCC.

De acordo com a terapia cognitivo-comportamental, existem três níveis de cognição, os quais serão mais bem explicados no decorrer do capítulo: as crenças centrais, os pressupostos subjacentes ou crenças intermediárias e os pensamentos automáticos. Todas as pessoas possuem esses três níveis de cognição.

As crenças nucleares são ideias e conceitos enraizados que uma pessoa possui acerca de si, das pessoas e do mundo. O indivíduo sempre irá pensar de modo coerente com as suas crenças, independentemente do contexto em que esteja. As crenças se desenvolvem desde a infância, a partir da interação da carga genética do indivíduo com suas experiências de vida.

Essas crenças centrais vão se fortalecendo ao longo da vida, moldando a percepção e interpretação dos eventos. Dessa forma, caso não haja nenhuma intervenção nessas crenças, elas são consideradas como verdades absolutas e imutáveis para o sujeito.

As crenças disfuncionais podem permanecer latentes a maior parte do tempo, sendo ativadas em transtornos emocionais ou em situações difíceis vivenciadas pelo indivíduo, como a perda de um emprego ou o final de um relacionamento. Com a ativação das crenças, o processamento de informações passa a ser tendencioso, extraindo da realidade apenas as informações que venham a confirmar a crença disfuncional, negligenciando ou minimizando as informações que possam contestar e refutar as evidências contrárias àquela crença que foi ativada (Knapp, 2004).

Para explicar melhor os conceitos da TCC, utilizaremos ao longo do capítulo um exemplo. Vamos considerar uma pessoa que, ao longo de sua infância, desenvolveu crenças centrais disfuncionais relacionadas ao desamparo ou desamor. No primeiro caso, ela terá a compreensão disfuncional de que é incapaz, que fracassa naquilo que se propõe a fazer e que não consegue atingir os resultados que deseja por falta de competência e/ou capacidade. No segundo caso, ela terá a compreensão disfuncional de que não é digna de amor, que é uma pessoa rejeitável, sem atrativos e que acabará sozinha.

As crenças centrais influenciam o desenvolvimento de uma classe intermediária de crenças, os pressupostos subjacentes ou crenças intermediárias. Elas são regras, padrões, premissas e atitudes que as pessoas adotam e que guiam a sua conduta. Normalmente, são identificadas na forma condicional (Se... então...) (Knapp, 2004).

Os pressupostos subjacentes pressupõem que, se determinadas regras, normas e atitudes forem cumpridas, não haverá problemas e o indivíduo se manterá relativamente estável. Todavia, se por alguma circunstância os pressupostos não forem cumpridos, o indivíduo torna-se vulnerável ao sofrimento emocional, ativando as crenças nucleares. Os pressupostos são construídos no intuito de lidar com as crenças nucleares disfuncionais, todavia, acabam por reforçar tais crenças (Rangé, 2001).

No caso do exemplo acima, uma pessoa com crenças centrais disfuncionais relacionadas ao desamparo pode ter pressupostos subjacentes do tipo "Se eu me esforçar, então não vou fracassar", "Se eu me empenhar muito, então serei capaz de atingir o meu objetivo". Nas crenças centrais disfuncionais de desamor, os pressupostos subjacentes podem ser do tipo, "Se eu agradar as pessoas, elas não vão me abandonar", "Se eu fizer o que as pessoas desejam, elas ficarão comigo".

Em ambos os casos, esses pressupostos subjacentes também estarão presentes nas cognições relacionadas ao casamento. Assim, a pessoa poderá ter cognições do tipo "Se eu me esforçar, terei um casamento duradouro" ou "Se eu conseguir agradar o meu parceiro, ele não vai me abandonar".

Seguindo os conceitos da TCC, a partir de pressupostos subjacentes, o indivíduo desenvolve o que chamamos de estratégias de enfrentamento ou estratégias compensatórias, que são os comportamentos que o indivíduo adota na tentativa de lidar com as crenças disfuncionais. Tais comportamentos têm relação direta com os pressupostos subjacentes e acabam por reforçar ainda mais as crenças centrais disfuncionais (Rangé, 2001).

Diante do exemplo utilizado, a partir do pressuposto subjacente "Se eu me esforçar, terei um casamento duradouro", parece natural que a pessoa tenha estratégias compensatórias de fazer um grande esforço para manter o casamento. A partir do pressuposto "Se eu conseguir agradar o meu parceiro, ele não vai me abandonar", podem surgir estratégias compensatórias, como querer agradar o parceiro a todo momento e manter comportamentos passivos, não dando espaço para seus desejos e necessidades. Em ambos os casos, essa pessoa pode acabar por fazer muitas abdicações ou concessões no intuito de manter a relação, ainda que esta não esteja sendo satisfatória para ela.

É importante destacar que, ao seguir os pressupostos subjacentes e os comportamentos compensatórios decorrentes deles, a pessoa mantém as crenças centrais disfuncionais. Ela entende que só não fracassou no seu objetivo de manter a relação porque está se esforçando muito para manter o casamento ou que o companheiro não a abandonou porque ela faz de tudo para agradá-lo. Desta forma, ela segue com comportamentos que mantêm as suas crenças disfuncionais e, enquanto esses mecanismos estão funcionando, ela mantém o casamento e as crenças disfuncionais ficam latentes.

Ainda de acordo com os conceitos da TCC, temos o nível mais superficial das cognições, os pensamentos automáticos, que são espontâneos e fluem em nossa mente a partir dos acontecimentos do dia a dia, podendo ser ativados por eventos externos ou internos. Eles ocorrem independentemente de deliberação ou raciocínio. Os pensamentos automáticos podem ser exagerados, distorcidos, equivocados, irrealistas ou disfuncionais e têm um papel importante no funcionamento do indivíduo (Beck, 1997).

No caso do exemplo utilizado, pessoas com crenças disfuncionais de desamparo em diversos momentos podem ter pensamentos de que fracassaram ou que não foram boas o suficiente. No caso de crenças disfuncionais ligadas ao desamor, a pessoa pode ter pensamentos de que as pessoas não gostam dela, de que ela não está conseguindo agradar e acreditar que, a qualquer momento, as pessoas a deixarão.

Em ambos os casos, esses pensamentos aparecem ainda que o ambiente dê várias evidências de que isso não é verdade a maior parte do tempo. Ou seja, que a pessoa tenha exemplos de condutas suas de sucesso e demonstrações de amor e afeto por parte de outros.

Diante do que foi visto, pode-se compreender que, uma pessoa com crenças disfuncionais de desamparo ou de desamor pode manter essas crenças latentes durante um longo período, todavia, caso o parceiro venha a querer se separar ou a pessoa perceba que esta relação está insustentável, as crenças centrais disfuncionais provavelmente serão ativadas.

Com a ativação de crenças de desamparo, a pessoa passa a se sentir fracassada, incompetente por não ter conseguido atingir o seu objetivo de manter sua relação. Com a ativação de crenças de desamor, ela se sente rejeitada, abandonada. Em ambas as situações, é natural que ela compreenda que a falha foi sua.

Quando isso ocorre, tais crenças, por sua vez, ativam os pensamentos automáticos que evocam humor e comportamentos correspondentes. Diante disso, com o divórcio, vêm pensamentos ligados a fracasso e incapacidade ou rejeição e abandono. Tais pensamentos levarão a um estado de humor correspondente, fazendo com que essa pessoa vivencie sentimentos como tristeza, ansiedade ou até mesmo raiva daquele parceiro que deseja se separar dela ou que não se empenhou como ela para manter a relação.

Tais pensamentos e estado de humor provavelmente farão com que essa pessoa tenha um comportamento disfuncional em relação ao divórcio, não colaborando com este ou mesmo dificultando o processo, a fim de que não aconteça. Se faz importante destacar que essa postura não colaborativa pode acontecer mesmo que a pessoa também não estivesse satisfeita com o casamento e pode acabar por acarretar um reforçamento das crenças, uma vez que um divórcio litigioso causa muitos danos aos envolvidos, os quais, por vezes, remetem ainda mais à ideia de fracasso e/ou de rejeição.

Como a TCC pode auxiliar no processo de divórcio?

De maneira geral, o objetivo da TCC será quebrar o ciclo que se perpetua e amplifica os problemas do indivíduo. Vale ressaltar que, se o terapeuta trabalhar a cognição apenas no nível dos pensamentos automáticos, é possível que o paciente recaia quando passe por experiências semelhantes às que ativaram as crenças disfuncionais. Por isso é importante que os pressupostos subjacentes e as crenças centrais também passem por uma modificação (Knapp, 2004).

Diante disso, os objetivos da TCC são ensinar os pacientes a: (1) inicialmente, monitorar os seus pensamentos; (2) reconhecer as relações entre cognição, afeto e comportamento; (3) testar a validade dos pensamentos de seus pensamentos; (4) substituir os pensamentos distorcidos por cognições mais realistas; e, por fim, (5) identificar e alterar as crenças e pressupostos subjacentes aos padrões errôneos de pensamento.

Compreende-se que, ao atingir tais objetivos, o paciente, consequentemente, também irá modificar a forma como se sente e se comporta. Entretanto, para além disso, o paciente também pode obter auxílio no intuito de mudar padrões de comportamentos disfuncionais.

Desta forma, em relação ao divórcio, a TCC pode ser útil para ajudar o paciente a perceber quais são as suas crenças centrais relacionadas à separação conjugal e como essas crenças interferem nos seus pressupostos subjacentes e pensamentos e como tudo isso está interferindo nos seus sentimentos e comportamentos. O paciente aprenderá a testar a validade de seus pensamentos e crenças centrais com base nas evidências disponíveis no ambiente, cultivando a flexibilidade cognitiva.

Desta forma, em relação ao divórcio, o objetivo é que o paciente entenda que há diferentes formas de compreender a situação e que a separação não precisa estar vinculada à ideia de fracasso, abandono ou qualquer outra ideia que diminua suas qualidades enquanto pessoa. O divórcio também não acarreta a dissolução da família, a qual pode se manter unida de uma forma diferente, inclusive se tornando um ambiente mais saudável e tranquilo, sobretudo se o casamento estava sendo permeado por conflitos.

Os comportamentos disfuncionais apresentados pelo paciente em relação ao divórcio também serão trabalhados no intuito de que ele adote uma postura colaborativa e amistosa com objetivo de resolver problemas, buscando habilidades para saber como lidar com a nova configuração familiar, a fim de cultivar uma relação harmoniosa ou, ao menos, uma comunicação respeitosa entre o ex-casal, preservando assim o bem-estar e a qualidade de vida de todos os envolvidos. Esse tipo de conduta costuma levar o ex-parceiro a uma resposta semelhante, tornando todo o processo mais fácil.

Dessa forma, o terapeuta pode ajudar o paciente a perceber que, apesar de ser um processo difícil, a reorganização pós-separação conjugal pode trazer aspectos positivos para todos os integrantes da família. A forma como a situação irá se configurar depende, principalmente, de como os adultos envolvidos poderão compreender e lidar com o fim do casamento.

Referências

BECK, A. T.; RUSH, A. J.; SHAW, B. F.; EMERY, G. *Terapia cognitiva da depressão*. Porto Alegre: Artmed, 1997.

DOBSON, K. S.; SCHERRER, M. C. História e futuro das terapias cognitivo-comportamentais. *In*: KNAPP, P. (org.). *Terapia cognitivo-comportamental na prática psiquiátrica*. Porto Alegre: Artmed, 2004.

KNAPP, P. Princípios fundamentais da terapia cognitiva. *In*: KNAPP, P. (org.). *Terapia cognitivo-comportamental na prática psiquiátrica*. Porto Alegre: Artmed, 2004.

RANGÉ, B. Psicoterapia cognitiva. *In*: RANGÉ, B. (org.). *Psicoterapia comportamental e cognitiva*: pesquisa, prática, aplicações e problemas. Campinas: Livro Pleno, 2001.

03

NAVEGANDO NA TEMPESTADE
A RESILIÊNCIA COMO FATOR PROTETIVO EM CRIANÇAS FRENTE AO DIVÓRCIO

O divórcio se apresenta como um evento de grande estresse para a família, uma vez que acarreta grandes mudanças no funcionamento e na estrutura familiar. Nesse momento, é exigido por parte de todos os membros, inclusive das crianças, um ajustamento e uma adaptação à nova realidade. A resiliência pode ser um fator protetivo e positivo no enfrentamento desse momento de mudança na dinâmica familiar.

ALLANE BORGES E
MARIA HENNESSEY PIMENTEL

Allane Borges

Psicóloga clínica infantojuvenil e escolar, graduada pela Universidade Católica de Pernambuco. Especialista em Terapia Cognitivo-comportamental pela Faculdade Frassinetti do Recife (Fafire). Certificada pela PDA Brasil como educadora parental e pós-graduanda em Psicologia Perinatal.

Maria Hennessey Pimentel

Psicóloga clínica, graduada pela Faculdade Pernambucana de Saúde. Especialista em Terapia Cognitivo-comportamental pela Faculdade Frassinetti do Recife (Fafire); formação em análise do comportamento aplicada (ABA) e formação em terapia cognitivo-comportamental para infância e adolescência.

Os pais são, de modo geral, responsáveis por auxiliar o desenvolvimento saudável da criança. Cabe a eles oferecer um ambiente favorável para tal e suporte emocional em momentos de maior vulnerabilidade, dessa forma, proporcionando a aquisição de habilidades e competências para a vida.

Entretanto, o exercício da parentalidade não é uma tarefa fácil, tornando-se mais difícil quando o casal não tem as mesmas práticas parentais, podendo ser motivo de conflitos entre os cônjuges e um fator estressor para a criança. Muitos pais podem ter a sensação de que por serem crianças, os filhos não têm a noção dos conflitos que estão acontecendo, porém esses, desde pequenos, são capazes de perceber o clima de tensão, conflito e mal-estar na família.

Divórcio

Ouvir crianças falando que têm os pais separados já não é mais tão incomum, uma vez que o divórcio se tornou uma condição e solução mais aceita para os conflitos matrimoniais, sendo cada vez mais frequente entre as famílias. Para facilitar a ideia sobre divórcio, aqui, quando citado, compreenderemos como a ruptura definitiva do casal com a saída de um dos cônjuges do lar.

O divórcio se apresenta como um evento de grande estresse para a família, uma vez que acarreta grandes mudanças no funcionamento e na estrutura familiar. Nesse momento, é exigido por parte de todos os membros, inclusive das crianças, um ajustamento e adaptação à nova realidade, que não se resume apenas ao contexto social, mas engloba também os aspectos psicológico e, em alguns casos, o econômico.

Alguns exemplos de fatores estressores que são relatados com frequência tanto pelos pais quanto pelas crianças são: mudanças no estilo de vida, mudança de residência, alterações comportamentais e emocionais na interação entre os ex-cônjuges, ausência de um dos genitores no lar e em eventos sociais, além da nova dinâmica da rotina vivenciada pelos membros da família e aumento das tarefas.

Além disso, o exercício da parentalidade também torna-se um fator importante. Com frequência, pais e mães recém-divorciados demonstram dificuldade de exercerem a coparentalidade – quando pai e mãe assumem o cuidado e educação da criança compartilhando responsabilidades iguais, ainda que não haja um relacionamento afetivo entre os genitores. O processo é doloroso para todos e demanda um tempo para que o envolvimento emocional possa ser ressignificado, pois apesar do divórcio, o laço parental existe, e a tarefa de educar os filhos deve ser compartilhada.

É possível encontrar na literatura que uma das maiores dificuldades no divórcio, quando uma criança está envolvida, é a capacidade de os pais separarem a conjugalidade (que é a díade conjugal, o casal) da parentalidade (que são as atividades desempenhadas pelo adulto de referência para assegurar o desenvolvimento da criança). Sobre isso, observa-se que fatores e vivências relacionados ao momento que antecede o divórcio podem influenciar a relação pós-divórcio. Sobre a coparentalidade, de acordo com Maccoby, Depner e Mnookin (1990), *apud* Grzybowski e Wagner (2010), pode-se classificar os relacionamentos da seguinte forma:

- **Padrão desengajado**: não buscam manter uma conversa, tendo um baixo nível de conflitos, combinação de regras e atividades. Desta forma, a educação torna-se mais conflituosa para a criança, pois cada um tem uma forma de educar.
- **Padrão cooperativo**: como o nome já diz, esse perfil assume características de cooperação. Conseguem discutir os assuntos da parentalidade buscando isolar os conflitos conjugais em prol do exercício da parentalidade, procurando apoiar um ao outro, sendo essa forma mais saudável, sobretudo para as crianças.
- **Padrão conflitante**: grande nível de conflitos, discussões da baixa cooperação, gerando prejuízos na prática parental. Além da presença de disputas e boicotes envolvendo os filhos.

O estresse na criança

O estresse pode trazer impactos significativos no desenvolvimento sadio e estabilidade psíquica da criança a curto e longo prazo, sobretudo se for vivenciado de forma intensa. O estresse pode gerar desdobramentos no comportamento, aprendizagem, saúde, desenvolvimento emocional e relacional, aumentando as chances de alterações psicológicas.

Para evitar o estresse na criança e ajudá-la a lidar com ele, existem estratégias positivas a fim de oferecer fatores preventivos sem que a criança precise desenvolver crenças negativas sobre o divórcio e autoculpa, promovendo a resiliência.

Sugestões de livros infantis sobre divórcio
• *Quando os pais se separam: uma terapia para a criança*, de Emily Menendez-Aponte. • *Bing e o enigma dos países que se separam*, de Ronit Mazer Sauerman. • *O reino partido ao meio*, de Rosa Amanda Strausz e Natalia Colombo. • *Duas casas e uma mochila*, de Sônia Mendes e Jana Magalhães. • *Lá e aqui*, de Carolina Moreyra e Odilon Moraes. • *A casa caiu*, de Cris Manfro e Vanina Cartaxo.

Resiliência

A resiliência é um termo amplo que deriva do campo da física, podendo ser definida como a capacidade de alguns materiais retornarem ao seu estado de origem após sofrer tensões e/ou deformações devido à sua flexibilização à determinada pressão. Podemos pensar em um exemplo simples, com a utilização de um elástico, ou arame, que após ser esticado ou mexido, consegue recuperar sua forma original.

Dentro da psicologia, esse conceito não é tão preciso, pois envolve uma grande complexidade – os fatores humanos e subjetivos, e não há uma definição única, sendo um termo de muita discussão entre os pesquisadores. Então, compreenderemos a resiliência como a capacidade dos indivíduos de superar situações adversas de estresse, crises ou riscos, recuperando o equilíbrio físico, psicológico e das suas relações sociais.

Vale ressaltar que a resiliência é uma habilidade que todos nós podemos desenvolver. É importante dizer que muitos fatores podem auxiliar na resiliência dos filhos e os pais podem ser facilitadores desse desenvolvimento. Martins (2014 *apud* Massano, 2016) corrobora essa ideia quando destaca que a resiliência não é um atributo inato, mas um processo interativo dos indivíduos com o seu meio.

Cabe mencionar que, apesar das adversidades geradas em uma situação de divórcio, há casos de famílias que conseguem adaptar-se positivamente a essa nova realidade, conseguindo alcançar estabilidade emocional, oferecendo-a também para a criança. Mesmo diante de uma vivência inicialmente vista como ameaçadora e que traz sofrimento, essas famílias conseguem encontrar recursos que as ajudam a avançar e prosseguir. Seria como passar por uma tempestade que, apesar de desafiadora, abre possibilidades para a recuperação quando os recursos certos são encontrados.

Dessa forma, o papel da psicoterapia infantil diante do contexto de separação dos pais é o de facilitar o desenvolvimento de estratégias positivas de enfrentamento como fator protetivo. Esses fatores de proteção poderão diminuir os efeitos negativos da separação e promover o processo de resiliência.

Sugestões de livros infantis que falam sobre resiliência
• *Vavá e Popó descobrem a resiliência*, de Miriam Rodrigues. • *Floresci entendendo o sentido da resiliência*, de Vanina Cartaxo.

Acompanhamento psicoterapêutico

É fato que a experiência do divórcio será vivenciada por cada criança de forma diferente, a depender de uma série de fatores como idade, apoio familiar, intensidade dos conflitos, relacionamento com os pais e apoio emocional. Embora o divórcio seja vivenciado de forma individual, é comum nesse período o aparecimento de alguns sentimentos, tais como Araújo (2023) pontua:

- Tristeza: a criança pode se sentir triste diante da nova rotina e da ausência de um dos genitores na casa.

- Ansiedade e medo: o medo pode surgir a partir da possibilidade da perda do amor de um dos pais, gerando insegurança e preocupação.
- Culpa: pode surgir por acreditar que tenha sido alvo do conflito entre os pais, contribuindo para a separação.
- Raiva: por acreditar que foram abandonadas ou que o pai ou mãe não está mais disponível para ela.
- Confusão: é comum que se sinta confusa com a nova rotina e com o que está se passando; e essa emoção se intensifica quando ela não entende a razão da separação ou divórcio.
- Preocupação com o futuro: podem se preocupar com o que acontecerá com os pais e com ela no futuro devido às mudanças que estão vivenciando. As mudanças na rotina que muitas vezes são acompanhadas por troca de casa, escola... são significativas e podem fazer com que a preocupação seja experienciada com frequência.

Livros infantis que falam sobre as emoções
• *Emocionário: diga o que você sente,* de Rafael R. Valcárcel e Cristina Núñez Pereira. • *Como eu me sinto...* (coleção), de Cornelia Maude Spelman. • *Sentimentos* (coleção), de Fábio Gonçalves Ferreira.

Como mencionado, várias emoções são vivenciadas diante desse evento, essas emoções mudam ao longo do tempo e fazem parte desse processo de reestruturação e reorganização da dinâmica familiar.

> É importante que os pais estejam disponíveis para ouvirem a criança e que fiquem atentos a possíveis mudanças de comportamentos. É importante também a encorajarem a expressar o que sente ou a ajudarem a nomear o que está sentindo.

A mudança comportamental na infância pode ser utilizada como "termômetro", pois, diferentemente dos adultos, elas podem expressar que estão com problemas por meio dos comportamentos. Uma boa comunicação entre pais e filhos é essencial, assim sendo, é importante estar disponível às suas perguntas e responder as dúvidas de acordo com a idade, além de oferecer apoio emocional adequado durante o processo de separação e de adaptação à nova dinâmica familiar.

A psicoterapia infantil pode ser bastante benéfica nesse processo por possibilitar que a criança entenda suas emoções, e com o suporte do profissional desenvolva estratégias que a torne capaz de atravessar esse momento de forma menos traumática. Além disso, o psicólogo infantil auxiliará os pais com orientações para que possam oferecer o suporte mais adequado à criança nesse processo de adaptação.

O processo de psicoterapia infantil se dá de forma lúdica e, durante esse processo, são utilizadas algumas intervenções com o objetivo de acessar os conteúdos referentes ao contexto ao qual a criança está inserida. O terapeuta pode fazer uso de estratégias como jogos, desenhos, recortes de filmes, encenar situações do cotidiano e representações cognitivas do paciente, a fim de acessar e/ou desenvolver comportamentos mais assertivos diante de situações conflituosas ou desconfortáveis relacionadas à separação.

A psicoterapia com a criança, nesse momento de separação, terá como foco o sofrimento da criança. Compreendemos que é um momento em que, muitas vezes, os pais também estão precisando de suporte e, em alguns casos, faz-se necessário o encaminhamento para acompanhamento psicoterapêutico a fim de que possam trabalhar suas demandas de forma individual. Em muitas situações, o psicólogo infantil precisará intermediar as demandas dos pais que estão em conflito, deixando claro que o objetivo será o bem-estar da criança.

Dessa forma, com os genitores, cabe a realização da orientação parental, como o estabelecimento de algumas regras comuns, a manutenção e o acompanhamento da rotina da criança em ambas as casas, além do cumprimento do que foi estabelecido pela justiça (em litígio conjugal). O objetivo é estabelecer mais segurança para que a mudança no vínculo conjugal tenha menores repercussões na parentalidade e no desenvolvimento emocional dos filhos, uma vez que a criança precisa ser preservada e mantida no seu lugar de criança.

Referências

ARAÚJO, A. S. de. Entendendo a resiliência dos filhos frente à separação dos pais. *Escola de pais, Escola de pais do Brasil*, 2023. Disponível em: https://escoladepais.org.br/wp-content/uploads/2023/04/Entendendo-a-resiliencia-dos-filhos-frente-a-separacao-dos-pais.pdf. Acesso em: 26 ago. 2023.

BENETTI, S. P. C. Conflito conjugal: impacto no desenvolvimento psicológico da criança e do adolescente. *Psicologia:* reflexão e crítica [on-line], v. 19, n. 2, p. 261-268, 2006. Disponível em: https://doi.org/10.1590/S0102-79722006000200012. Acesso em: 25 ago. 2023.

GRZYBOWSKI, L. S. WAGNER, A. Casa do pai, casa da mãe: a coparentalidade após o divórcio. *Psicologia:* teoria e pesquisa, v. 26, p. 77-87, 2010. Disponível em: https://doi.org/10.1590/S0102-37722010000100010. Acesso em: 24 ago. 2023.

MASSANO, S. C. R. *Divórcio e resiliência:* a separação vivida pela criança. Disponível em: http://hdl.handle.net/10400.1/9902. Acesso em: 25 jul. 2023.

POLETTO, M.; WAGNER, T. M. C.; KOLLER, S. H. Resiliência e desenvolvimento infantil de crianças que cuidam de crianças: uma visão em perspectiva. *Psicologia:* teoria e pesquisa [on-line], v. 20, n. 3, p. 241-250, 2004. Disponível em:

https://doi.org/10.1590/S0102-37722004000300005. Acesso em: 25 jul. 2023.

RAPOSO, H. S. *et al.* Ajustamento da criança à separação ou divórcio dos pais. *Archives of Clinical Psychiatry (São Paulo) [on-line]*, v. 38, n. 1, p. 29-33, 2011.

ROSEIRO, C. P.; PAULA, K. M. P.; MANCINI, C. N. Estresse e enfrentamento infantil no contexto do divórcio parental. *Arq. bras. psicol.,* Rio de Janeiro, v. 72, n. 1, p. 55-71, abr. 2020. Disponível em: https://dx.doi.org/10.36482/1809-5267.ARBP2020v72i2p.55-71. Acesso em: 23 ago. 2023.

SILVA, M. R. S.; ELSEN, I.; LACHARITÉ, C. Resiliência: concepções, fatores associados e problemas relativos à construção do conhecimento na área. *Paidéia (Ribeirão Preto) [on-line]*, v. 13, n. 26 p. 147-156, 2003. Disponível em: https://doi.org/10.1590/S0103-863X2003000300003. Acesso em: 23 ago. 2023.

04

ANÁLISE DA CONSIDERAÇÃO, NAS SENTENÇAS, DOS DEPOIMENTOS ESPECIAIS DE CRIANÇAS ENTRE TRÊS E CINCO ANOS DE IDADE

O presente capítulo aborda a análise da consideração, nas sentenças, dos depoimentos especiais de crianças na condição de vítimas de crimes ou atos infracionais, na faixa etária dos três a cinco anos de idade, realizados na Sala de Depoimento Acolhedor de Recife do Tribunal de Justiça de Pernambuco, entre 2016 e 2017, verificando o quanto os depoimentos dessas crianças colaboraram para subsidiar as decisões judiciais.

ANDRÉA PAIVA E
CARMÉLIA CAVALCANTI

Andréa Paiva

Graduada em Serviço Social pela Universidade Federal de Pernambuco. Especialista em Psicologia Social e Comunitária (Fafire-PE), em Arteterapia (Faintvisa) e em Intervenções Multiprofissionais Jurídicas (FACHO). Analista judiciária-assistente social do TJPE, membro da equipe interprofissional e de entrevistadores de crianças e adolescentes vítimas ou testemunhas de violência, da Sala de Depoimento Acolhedor de Recife (2011) e do Depoimento Acolhedor Itinerante (2018).

Contatos
andrea.paiva@tjpe.jus.br
andreafpaiva@yahoo.com.br
Instagram: @andreafdepaiva

Carmélia Cavalcanti

Psicóloga, formada pela Universidade Estadual da Paraíba em 2006; analista judiciária da área de psicologia do Tribunal de Justiça de Pernambuco, membro da equipe interprofissional e de entrevistadores de crianças e adolescentes vítimas ou testemunhas de violência da Sala de Depoimento Acolhedor de Recife – TJPE, desde 2012, e do Depoimento Acolhedor Itinerante desde 2018; pós-graduada em Intervenção Multiprofissional Jurídica pela Faculdade de Ciências Humanas de Olinda em 2019.

Contatos
carmeliabastos@yahoo.com.br
Instagram: @mariana_bastos1616

O presente capítulo aborda a análise da consideração, nas sentenças, dos depoimentos especiais de crianças na condição de vítimas de crimes ou atos infracionais, na faixa etária dos três a cinco anos de idade, realizados na Sala de Depoimento Acolhedor de Recife do Tribunal de Justiça de Pernambuco, entre 2016 e 2017, verificando o quanto os depoimentos dessas crianças colaboraram para subsidiar as decisões judiciais.

A violência contra a criança e o adolescente é um fenômeno social que permeia a história das sociedades. Estudos registram que, desde a antiguidade, existiram práticas que abrangiam várias formas de violência à criança, endossadas pelas próprias legislações, como o Código de Hamurabi (1728-1686 a.C), que demonstravam uma condição de vulnerabilidade da infância perante o adulto (Azambuja, 2011). Os textos legais vigentes em nosso país preconizam que todas as crianças e adolescentes têm o direito de serem protegidos contra qualquer violação de direitos, principalmente da violência que pode lhes ser infligida.

Pela condição de maior dependência e tutela dos adultos, na fase inicial da vida, muitas crianças e adolescentes sofrem, contra elas, as primeiras manifestações de violência, sendo o ambiente doméstico/familiar o espaço de maior ocorrência. Estudos indicam que 80% dos casos de maus-tratos ocorrem naquele ambiente – o que se configura como violência intrafamiliar. Esse é considerado um grave problema social, de saúde pública (Habigzang e Koller, 2011). Também apresenta uma relação com a violência estrutural e com outros determinantes, pois ela transpassa todas as classes como "violência de natureza interpessoal" (Guerra, 2001).

A violência intrafamiliar é um fenômeno que atinge todas as idades, tanto meninas quanto meninos, de todos os grupos étnicos/culturais e perpassa todos os níveis socioeconômicos, classificando-se em categorias, dentre elas: negligência, violência psicológica e física, a exploração infantil e a violência sexual, tendo como alguns fatores: a multigeracionalidade, desajustes familiares (de ordem psíquica, da dependência química etc.), aspectos sociais, econômicos e também culturais, como a desigualdade e a dominação de gênero (Habigzang e Koller, 2011).

No âmbito do sistema de garantia de direitos, o sistema de justiça enfrenta dificuldades quanto à responsabilização dos autores em alguns tipos de violação de direitos. Isso acontece principalmente com os crimes sexuais (ou atos infracionais correlatos), diante da inexistência, em muitos casos, de prova da materialidade e de testemunhas oculares do fato, pois a maioria desses crimes ou atos infracionais não deixa vestígios físicos e é cometida às escondidas. Ante esse cenário, como estratégia de enfrentamento, no âmbito da justiça, está o depoimento especial de crianças e adolescentes, na condição de vítimas ou testemunhas de violência. O objetivo é uma coleta de prova em maior consonância com a fase de desenvolvimento que aquelas se encontram e oferecer um espaço possível de se colher provas mais consistentes e transparentes para o processo.

O depoimento especial visa garantir uma qualitativa e protegida participação das crianças e adolescentes na esfera da justiça, e que a passagem por esse ambiente não represente uma nova violação de direito, refutando-se as formas tradicionais de oitivas. Nessa modalidade, observa-se a aplicação de métodos e técnicas que objetivam evitar ou reduzir o sofrimento e o estresse a que crianças e adolescentes podem ser submetidos enquanto vítimas ou testemunhas de violência no âmbito jurídico.

No tocante às crianças menores, entre três e cinco anos de idade, pode existir ou existe, ainda, uma desconfiança quanto aos relatos dessas vítimas, pois imagina-se que elas podem estar repetindo um discurso criado intencionalmente ou devido a uma má interpretação de um adulto, ou podem estar fantasiando sobre a situação de violência, sobretudo a sexual. No entanto, muitos autores conceituam que as falsas denúncias de violência sexual por parte das crianças vítimas são muito raras, salvo os casos em que as crianças têm seus discursos manipulados, em regra por um adulto, evento discutido em alguns estudos que abordam principalmente o conceito de alienação parental.

A literatura aponta que as crianças raramente mentem sobre o fato de terem sofrido uma violência sexual, pois, muitas vezes, não possuem habilidades linguísticas ou experiência para descreverem um abuso sexual, geralmente não inventam histórias com esse tema se não tiverem experienciado. No entanto, elementos característicos dessa fase de desenvolvimento podem permear seus testemunhos.

Com a finalidade de contribuir para um maior conhecimento e colaborar para o fortalecimento de intervenções protetivas no atendimento ao público infantojuvenil no sistema de garantia de direitos, bem como para o estímulo da capacitação técnica dos profissionais envolvidos naquele atendimento, foi realizada, em 2018, uma análise de dados do ano de 2016 acerca da consideração, nas sentenças, dos depoimentos especiais de crianças, especificamente entre três e cinco anos de idade (trabalho de conclusão de curso apresentado à Faculdade de Ciências Humanas de Olinda – FACHO, em 2019). Esse público foi atendido na Sala de Depoimento Acolhedor da Capital do Tribunal de Justiça de Pernambuco – TJPE. E, para elaboração deste capítulo, foi realizada uma revisão da citada análise, sendo essa ampliada com a inserção dos dados do ano de 2017.

Em Pernambuco, no TJPE, o procedimento de depoimento especial, denominado "Depoimento Acolhedor", foi implantado em maio de 2010, em parceria com a Childhood[1], sendo seus principais objetivos: o acolhimento, a proteção e a humanização da coleta do testemunho infanto-juvenil, através de um atendimento especializado, atento às especificidades (cognitivas, psíquicas e emocionais) inerentes ao desenvolvimento daquele público. Tem como método operacional uma audiência interativa entre a Sala de Audiência Tradicional e a Sala de Depoimento Especial, onde ficam a criança/adolescente e o profissional que realizará a entrevista, no qual é utilizado um sistema de videogravação.

De maio de 2010 a dezembro de 2022, foram realizados, na Sala de Depoimento Acolhedor da capital, 2.937 depoimentos especiais, sendo 14% desse total, ou seja, 411 de crianças na faixa etária entre 3 e 6 anos de idade. Dentre os mencionados depoimentos especiais, estão os de crianças entre 3 a 5 anos de idade, sendo esse o recorte etário desse estudo, e foram selecionados os dos anos de 2016 e 2017, esses já com sentenças de julgamento do mérito, até 23/08/2018 os de 2016, e até 31/07/2023 os de 2017. Sendo a amostra de 38 depoimentos especiais: 16 referentes a 2016 e 22 referentes a 2017.

O propósito dessa análise é verificar o quanto os depoimentos dessas crianças colaboraram para a convicção dos juízes em suas respectivas sentenças, lembrando que essa pode ser absolutória ou condenatória. E, por se tratar de um testemunho infantil de matéria delicada, mais ainda quando referente a crimes sexuais (ou atos infracionais correlatos) com vítimas que são crianças

1 É uma Organização da Sociedade Civil de Interesse Público (OSCIP), criada pela rainha Silvia, da Suécia, que visa, por meio de programas e projetos, proteger crianças e adolescentes e que estes sejam pautas de políticas públicas e privadas.

pequenas, muitas não deixando vestígios, sabe-se que a prova testemunhal tem um relevante valor no conjunto probatório.

É importante destacar que, dos 38 depoimentos especiais que fazem parte do universo dessa pesquisa, o crime de estupro de vulnerável permeia 32 dos mencionados processos, o que equivale a 84,21%. Em relação aos demais crimes ou atos infracionais ensejadores das ações penais ou que dão causa à perda ou suspensão do poder familiar (15,79%), esses são: um caso de alienação parental, dois de maus-tratos, um de lesão corporal, um de tortura e um de negligência.

Após o exame dos referidos dados, foi verificado que: o juiz faz referência a 71,05% dos depoimentos especiais, na faixa etária definida para essa pesquisa, em suas sentenças, como um dos elementos probatórios que contribuíram para a formação de sua convicção. Conclui-se que, nos casos de condenação desse quantitativo, esses depoimentos especiais contribuíram para a responsabilização de sujeitos que violaram a dignidade de alguma criança ou o afastamento de responsáveis que, infelizmente, não cumpriram seu papel de guardar e proteger seus filhos. Realizadas as importantes considerações acima, foi verificada a relevância de destacar, também, o quantitativo exato de crianças em cada faixa etária, sendo o resultado: 5 crianças com 3 anos, 17 com 4 anos e 16 com 5 anos.

A distinção proposta apresentou que, nos depoimentos com crianças na faixa etária de três anos, tem-se uma porcentagem de 60% que o juiz fez referência aos referidos depoimentos na prolação de sua sentença, e 40% que o juiz não fez referência a estes na formação de sua convicção.

Da mesma forma, por equidade, foi analisada separadamente a faixa etária entre 4 e 5 anos, obtendo-se o seguinte resultado: das 17 crianças com 4 anos, dos depoimentos especiais de dez dessas (58,82%), o juiz fez referência aos mesmos na prolação de sua sentença e, em sete daqueles depoimentos especiais,

(41,18%), o magistrado não fez referência aos mesmos em sua respectiva sentença, resultado praticamente idêntico ao relativo às crianças com 3 anos.

A análise dos dados apresentou uma novidade em relação ao resultado isolado dos 16 depoimentos especiais das crianças com 5 anos, um resultado bastante diferenciado quando consideradas as idades analisadas de forma conjunta, sendo 14 depoimentos especiais, 87,50%, que subsidiaram o magistrado em sua sentença e, apenas dois daqueles depoimentos, 12,50%, não foram referenciados pelo juiz em suas sentenças.

As análises descritas neste trabalho, iniciadas através das nossas reflexões críticas provenientes do desenvolvimento de nossa atuação profissional no atendimento de crianças e adolescentes, na Sala de Depoimento Acolhedor de Recife – TJPE, propuseram evidenciar em que medida os depoimentos especiais de crianças, com idade entre três e cinco anos, contribuíram para o convencimento dos magistrados, quando da constituição do conjunto probatório, em seus processos e sentenças. Este é um tema que se compreende relevante, diante dos aspectos que compõem o debate em torno do testemunho, da proteção e reparação da violação de direitos na infância.

A fala da criança no judiciário é um evento recente, ou melhor, as crianças serem vistas como sujeitos de direitos é fato novo em nossa sociedade. Elas sempre estiveram e ainda permanecem à mercê dos diversos tipos de violência e contradições sociais. Infelizmente, os crimes, ou atos infracionais, contra elas, na sua maioria, são cometidos por pessoas muito próximas e que deveriam proteger e zelar pelo desenvolvimento saudável das mesmas. Assim, muitas vezes, para alguns, não é saudável para a criança o ato de testemunhar, pois este pode ser contra alguém do seu convívio; entretanto, para outros e o meio jurídico, é entendido que o mais importante para a criança é que cesse a violência que ela está sofrendo ou está sendo alegada, com o devido rigor e processo legal.

Esse estudo indica, claramente, que depoimentos de crianças com três, quatro e cinco anos podem contribuir para a formação da convicção de magistrados, e, por conseguinte, para o cerceamento da violência que vitimiza aquele público. O depoimento especial é um importante instrumento protetivo para escuta daquelas crianças, quando da identificação de violações de seus direitos. O silêncio proporciona a proteção de quem violenta. É necessário fortalecer quem pede ajuda, os profissionais que trabalham com essa temática terem capacitação contínua e os autores desses tipos de crimes (ou atos infracionais) serem mais responsabilizados. É avaliado que continua sendo necessária a ampliação da amostra dessa pesquisa, principalmente com a faixa etária de três anos, no intuito de se obter dados numéricos ainda mais significativos. Também se compreende que alguns conceitos e ideias desenvolvidos nessa pesquisa não se esgotam no que foi abordado, diante da necessidade de delimitação daqueles, podendo ser complementados e expandidos. Com essa pesquisa, espera-se ter contribuído para um maior conhecimento acerca do tema proposto, principalmente quanto aos aspectos referentes à efetivação da proteção e da garantia de direitos das crianças e adolescentes, além de estimular novas reflexões.

Referências

AZAMBUJA, M. R. F.; FERREIRA, M. H. M. *Violência sexual contra crianças e adolescentes*. Porto Alegre: Artmed, 2011.

GUERRA, V. N. A. *Violência de pais contra filhos:* a tragédia revisitada. São Paulo: Cortez, 2001.

HABIGZANG, L. F.; KOLLER, S. H. (orgs.) *Intervenção psicológica para crianças e adolescentes vítimas de violência sexual*: manual de capacitação profissional. São Paulo: Casa do Psicólogo, 2011.

MELO, E. R. Crianças e adolescentes vítimas de abuso sexual: a emergência de sua subjetividade jurídica no embate entre modelos jurídicos de intervenção e seus direitos. Uma análise crítica sob o crivo histórico-normativo à luz do debate em torno do depoimento especial. *In*: SANTOS, B. R.; GONÇALVES, I. B.; VASCONCELOS, M. G. O. M; BARBIERI, P. B.; VIANA, V. N. (org.) *Escuta de crianças e adolescentes em situação de violência sexual*: aspectos teóricos e metodológicos. Brasília, DF: EdUCB, 2014.

SANTOS, B. R.; IPPOLITO, R. *Guia de referência*: construindo uma cultura de prevenção à violência sexual. São Paulo: Childhood – Instituto WCF-Brasil, Prefeitura da Cidade de São Paulo, Secretaria de Educação, 2009.

05

ENTRE CHEGADA E PARTIDA

SEPARAÇÃO CONJUGAL LITIGIOSA DE PAIS COM FILHOS BEBÊS

A chegada de um bebê, uma fase tão desafiadora, pode acontecer em meio ao sofrimento advindo com a separação conjugal. Apresentamos uma análise das possíveis repercussões emocionais e jurídicas para as famílias que vivenciam esse momento, bem como as implicações técnicas do trabalho pericial. Percebemos que a postura acolhedora e de orientação, nesses casos, com uma intervenção precoce, evita que os conflitos familiares se prolonguem no Judiciário.

BÁRBARA MONTE E
LÍVIA OTTAVIANI

Bárbara Monte

Psicóloga pela UFPE. Especialista em Avaliação Psicológica pela FAFIRE. Psicóloga jurídica do TJPE desde 2012, com atuação em perícias de Vara de Família. Mediadora extrajudicial.

Contato
barbaramontepsi@gmail.com

Lívia Ottaviani

Psicóloga pela UFRN. Especialista em Psicologia do Desenvolvimento e Hospitalização pela UFRN. Psicóloga jurídica do TJPE desde 2012, com atuação em perícias de Vara de Família. Mediadora extrajudicial.

Contato
livia.r.ottaviani@gmail.com

A chegada de um filho é uma fase da vida que gera repercussões emocionais para os pais em diferentes aspectos a depender da disponibilidade afetiva e financeira, desejo, momento de vida, revivências como filhos e suporte social. Nessa fase, há casais que vivenciam o rompimento de um relacionamento conjugal, o que levanta outra série de repercussões emocionais, como frustrações advindas da idealização de amor, da construção da família e mesmo de dependência financeira.

A junção dessas duas fases em um único momento da vida será somada às demandas do bebê. Em meio à crise, há aqueles que recorrem à Justiça em busca de conciliação, ou de imposição de sua vontade, ou mesmo, inconscientemente, como forma de manter algum tipo de laço com o outro.

Há alguns anos essa temática tem impactado nossa atuação nas avaliações psicológicas nas Varas de Família. De um modo geral, são famílias constituídas por casais jovens (23 a 30 anos de idade), pais de primeira viagem, de todas as classes sociais, com filhos de até dois anos de idade, com ou sem demanda de amamentação. Em sua grande maioria, o pai é o autor do processo de Guarda/Convivência Familiar. Buscamos construir este texto com base em famílias que vivenciam a separação conjugal sem queixas ou denúncias graves, como violência doméstica, abuso sexual e maus-tratos.

Percebemos que o imaginário coletivo dessas famílias descritas é de que o bebê necessariamente precisa estar somente com a mãe, ou com aquela figura que se dedica exclusivamente aos cuidados desde o nascimento. Quando o bebê tem aleitamento materno exclusivo, a figura do pai parece ainda mais envolta pela ideia de que ele pode ter sua participação bastante limitada na vida do bebê. Contudo, diante das constantes mudanças sociais nos papéis de homem e mulher, podemos perceber que tem crescido uma demanda paterna de assumir esses cuidados e certa resistência das mães, que se sentem ameaçadas em perder seu lugar.

Tornar-se pai e mãe é um grande desafio não somente pela mudança subjetiva que a chegada da criança acarreta para cada um, mas também para a dinâmica familiar que precisará de novos rearranjos, para atender às necessidades básicas, de afeto e de cuidado ao bebê.

Na avaliação psicológica, as questões referentes ao desenvolvimento, gerais e particulares, do bebê precisam ser levadas em consideração, bem como as percepções de cada um dos pais diante da parentalidade. O sentimento de frustração parece estar em seu ápice.

Diante desse cenário, apresentamos uma reflexão sobre as possíveis repercussões emocionais e jurídicas da separação conjugal para a família, bem como apontamentos sobre o trabalho pericial diante de questões teóricas sobre como se deu a escolha entre os parceiros e a construção da maternidade/paternidade.

Entendemos que a forma como acontece a escolha do outro nem sempre está clara. Temos a falsa percepção de que sabemos o que queremos quando escolhemos nos unir a alguém, porém, assim como todo o nosso agir, há mecanismos que atuam de maneira inconsciente.

No texto de Iara Anton (2012), a autora traz algumas considerações sobre como acontece a escolha do companheiro.

A conservação da percepção lógica e organizada de si mesmo parece ser a ideia mais interessante sobre o que nos impele a viver em um relacionamento. A segurança de saber o que esperar de si mesmo, quando se olha refletido na forma de ser com o companheiro, pode ser estruturadora. Conforme a autora, as escolhas retratam acordos secretos inconscientes que irão conduzir o modelo do relacionamento do casal, incluindo as adaptações necessárias que precisam ser mútuas. Se essa adaptação não acontece de maneira saudável, ao invés de estruturadora, tem o efeito contrário.

Percebemos nas entrevistas periciais que, após tornar-se pai/mãe, aquele companheiro, passa a ser, para grande parte dos casais, um desconhecido. Os ajustes entre o casal ficam comprometidos e a aliança, fragilizada.

É como se a chegada do bebê antecipasse o fim da relação de projeção do que eu acredito que me satisfaça naquele outro, então, as fragilidades na vivência da paternidade/maternidade passam a ser mais motivadoras de conflito. Assim, a tolerância para o erro do companheiro é menor, até porque envolve de alguma forma um conteúdo inconsciente próprio com o qual aquela pessoa não quer lidar.

Nas entrelinhas dos discursos durante as entrevistas periciais, não é incomum a queixa de que, com o nascimento do filho, o outro não corresponde às expectativas criadas antes da chegada da criança. Falas como: "Ele era tão bom com as crianças da família", ou discursos que remetem mais à mudança na relação do casal, como "Ela era tão atenciosa antes do nascimento do filho".

Algumas mães idealizam uma figura paterna relacionada tão somente ao papel de provedor. Entretanto, quando o genitor começa a se dedicar mais ativamente às decisões e rotina da criança, esse comportamento gera incômodo por não ser o "esperado"/"escolhido" para aquele parceiro.

Embora haja muitas discussões sobre as mudanças sociais advindas das questões de gênero, o comum ainda é encontrarmos o pensamento de que a maternidade é instintiva, cabendo à mulher a guarda. Por outro lado, o lugar do homem é mais associado, na sociedade ocidental e patriarcal, a ser o provedor da família, o que parece ofuscar a possibilidade de este ser visto também como um cuidador. Mais recentemente, percebemos um outro movimento que são os pais que, com a separação, descobrem que podem exercer também o papel de cuidadores.

A paternidade e a maternidade são construções diárias diante da realidade vivida naquele momento e, mais especificamente, com aquele parceiro, com aquela criança, que precisará ser nomeada e circunscrita na história da família. Além disso, podemos compreender as funções materna e paterna como reconstruções das vivências da infância de cada um (Zavaroni *et al.*, 2007; Zornig, 2010) com sua própria família de origem, que nos trazem modelos de pai e mãe, expectativas e frustrações e, muitas vezes, repetições de comportamentos conscientes/inconscientes das situações vividas no passado, que são atualizadas diante da vivência da parentalidade.

No nascimento do bebê, em geral, a mãe busca suprir todos os cuidados necessários e cria uma relação simbiótica com este ser, sendo a sua intérprete e protetora. É essa pessoa também que irá permitir que o outro se aproxime e aprenda, assim como ela aprendeu, o que o bebê deseja.

Com base na perspectiva de Winnicott (1982), a vinculação mãe e bebê é a primeira relação desfrutada por qualquer sujeito, sendo uma relação primordialmente pautada no cuidado. Assim, fundamenta-se o paradigma de cuidado que consiste na condição primordial para a constituição do ser humano. As demais relações que a criança irá estabelecer com outras pessoas, e mesmo com o mundo, irão decorrer dessa primeira, inclusive a relação pai e filho.

Desse modo, podemos compreender a dinâmica que circunda aquela criança, já que essa vivência irá proporcionar certas abdicações pessoais em prol de um ser tão dependente. Daí podem surgir crises nas relações estabelecidas entre o casal, que se percebe assumindo outros papéis para além do compromisso um com o outro. É comum percebermos os julgamentos entre eles sobre os cuidados que cada um oferece e as abdicações na vivência da parentalidade.

O amor romântico fica em segundo plano, o que de certa forma parece ser um processo natural com a chegada do bebê, tamanha a responsabilidade e energia voltada para aquele ser. Aos poucos, espera-se que o casal retome sua relação. No entanto, se já havia uma crise no relacionamento, esta tomará uma dimensão ainda maior com a vivência da parentalidade.

Essa chegada, que provoca intensas mudanças e questionamentos subjetivos, associada à separação conjugal litigiosa, parece ser atropelada pelos medos, angústias e frustrações da relação desfeita. O tempo para elaborar o luto do fim da relação é ainda mais ínfimo quando o casal parental busca na Justiça a resolução dos seus conflitos, já que são envolvidos em uma teia adversarial.

O cerne da atividade pericial nas Varas de Família é a avaliação da dinâmica familiar no que se refere à história do relacionamento do casal, da constituição da família, a motivação da separação, como eram os cuidados antes e depois do litígio, como se dava a convivência familiar. Há outros elementos, além da história da família, apontados por Lago e Bandeira (2016), que compõem a avaliação como a rotina, cuidados básicos, disciplina, coparentalidade, educação, sustento financeiro, lazer, comunicação, afeto e motivação para a guarda.

Com base nessas reflexões sobre o contexto familiar e os dados obtidos durante as avaliações psicológicas, observamos que, quanto ao aspecto emocional, é comum encontrarmos famílias entorpecidas pelo sofrimento psicológico, pelas frustrações de ter uma família recém-formada desfeita. A ideia de continuidade familiar parece não existir, tendo espaço para a cisão/rompimento dos vínculos, e isso se acirra ainda mais com a demanda judicial. Escutamos pais angustiados, por não se sentirem contemplados em seus anseios, de terem que deixar seus filhos com o outro, no qual eles não depositam mais confiança e admiração.

A angústia dificilmente não é compartilhada com os bebês. Inconscientemente, o pai ou mãe mandará uma mensagem para aquele bebê de que algo não está adequado, por exemplo, ao demonstrar insatisfação para a realização da convivência. Em outros casos, os sentimentos à flor da pele são expressos de forma consciente e orientada para afastar aquela pessoa da vida do bebê.

Se os pais litigam, os filhos padecem. Ter uma parte de sua história de vida e familiar excluída é negar ao bebê a vivência da experiência de diferenciação que o levará a ser independente do outro, é sobrescrever uma história que não lhe pertence. Logo, imbuídos de seus próprios sentimentos, muitos pais deixam de perceber o quanto o litígio implicará em sofrimento para seus filhos. Desse modo, a exclusão ou limitação da convivência desde tenra idade desse pai ou mãe, que não compartilha os cuidados básicos, poderá levar a uma fragilização do vínculo entre o não guardião e o bebê. Com o fim do relacionamento, o não guardião precisará estabelecer uma rotina de convivência para assumir essa função de cuidado. Em uma boa parte, é somente permitido para o não guardião uma visita de poucas horas e voltadas para atividades lúdicas, com a alegação de que a criança não conhece aquela pessoa, ou mesmo para não interromper a amamentação. Contudo, tais restrições se tornam engessadas e motivadoras da exclusão do outro, em vez de serem vistas como condições para a convivência familiar.

Se um dos pais assume um novo relacionamento, algumas vezes, foi observado que há uma substituição daquela figura parental (não guardião) pelo companheiro atual. Assim, o não guardião é excluído da vida do bebê, que pode, em alguns casos, nem sequer saber de sua história familiar, passando a acreditar que seu pai ou sua mãe biológica é o companheiro do guardião. Em alguns casos, são os avós ou tios que passam a assumir aquele lugar que ficou vazio para o bebê.

Quanto ao aspecto jurídico, a leitura desses casos pelos operadores do Direito pode sinalizar para a Alienação Parental, tendo como consequência as medidas impostas pela Lei 12.318/2010, como advertência, mudança de modalidade de Guarda, entre outros.

Durante a avaliação desses casos, é preciso esclarecer ao Juiz as condições particulares da família e, principalmente do bebê, para a sugestão a respeito da modalidade de guarda e de convivência familiar. O objetivo é esclarecer que é possível uma nova forma de organização familiar, não cultivando a cisão, mas uma adaptação da família às demandas do bebê.

Pode haver espaço para a guarda compartilhada, caso haja condições individuais de cuidado e desejo de exercer essa função. A convivência familiar ampliada deve ser mais usual, evitando ser restrita a cada 15 dias – espaço de tempo muito longo para um bebê, que, cognitivamente, não tem noção do lapso temporal – porém, precisa estar adequada à rotina de um bebê, levando em consideração a amamentação.

Em alguns casos, é preciso que a convivência seja assistida por babá, ou pela mãe, ou por outra pessoa, ainda que seja por um tempo determinado. Nessas situações, essas pessoas precisam ser instruídas sobre o fato de que seus papéis, naquele momento, ocupam um segundo plano. O ambiente precisa atender às necessidades do bebê e de privacidade para evitar exposições daquela família.

Diante da fragilidade emocional dos pais, é recomendável adotar uma postura acolhedora, com orientações voltadas à parentalidade, de modo a proporcionar uma breve reflexão sobre a construção da parentalidade individual e as mudanças nos papéis sociais.

Neste sentido, é preciso ir um pouco além da avaliação e elaboração de um documento, já que uma intervenção precoce pode proporcionar para a família a possibilidade de um caminho restaurador e com menor impacto adversarial.

Referências

ANTON, I. L. C. *A escolha do cônjuge*. Porto Alegre: Artmed, 2012.

LAGO, V. M.; BANDEIRA, D. R. Relacionamento parental em situações de disputa de guarda: o que avaliar? *In*: VASCONCELLOS, S. J. L.; LAGO, V. M. *A psicologia jurídica e suas interfaces*: um panorama atual. Santa Maria: Editora UFSM, 2016.

ZAVARONI, D. M. L.; VIANA, T. C.; CELES, L. A. M. A constituição do infantil na obra de Freud. *Estudos de Psicologia*, Natal, 12(1), p. 65-70, 2007.

ZORNIG, S. M. A. Tornar-se pai, tornar-se mãe: o processo de construção da parentalidade. *Tempo Psicanalítico*, 42(2), p. 453-470, 2010.

06

ABUSO SEXUAL NA INFÂNCIA E ADOLESCÊNCIA UMA EXPERIÊNCIA TRAUMÁTICA, COMPLEXA E INVALIDADA

Este capítulo visa expor dados do cenário brasileiro referente ao abuso sexual na infância e na adolescência, além de inferir como consequência o transtorno do estresse pós-traumático complexo, explicar a invalidação traumática reproduzida em diversas esferas da sociedade, resultante de ausência das ações cabíveis em defesa da vítima, e os consequentes prejuízos em diversos âmbitos da vida.

CAROLINA BERENGUER

Carolina Berenguer

Psicóloga clínica - CRP 02/12870. Formação intensiva em Terapia Comportamental Dialética pelo Behavioral Tech The Linehan Institute; treinamento em Protocolo para Trauma (DBT PE) pelo Harned Consulting; especialização em Terapia Comportamental Dialética pelo CTCVeda/DBTBrasil; formação em Psicoterapia Baseada em Evidências pelo InPBE; treinamento em *Good Psychiatric Management* (GPM) para Transtorno de Personalidade *Borderline* pelo IPq-HCFMUSP; treinamento intensivo em DBT para Adolescentes pelo DBT Linehan Board of Certification; treinamento no Protocolo para Traumas DBT-TEPT Martin Bohus pelo DBT Latinoamérica; formação em Terapia de Aceitação e Compromisso pelo Bem Humano; especialização em Terapias Comportamentais Contextuais pelo CEFI; formação em Terapia Cognitivo-comportamental e Saúde Mental pelo Amban-IPqFMUSP.

Contatos
www.dbtnordeste.com.br
berenguer.c@hotmail.com
81 99674 8899

Um evento pode ser considerado traumático quando a situação é vivenciada como uma ameaça à vida. Sintomas pós-traumáticos decorrentes podem se dissipar naturalmente ou terem conexão com o surgimento de transtornos mentais dentre os referidos às vivências de trauma. O *Manual diagnóstico e estatístico de transtornos mentais (DSM-IV-TR)* caracteriza o transtorno do estresse pós-traumático (TEPT) como o resultado da exposição a um episódio concreto ou uma ameaça de morte, lesão grave ou violência sexual em uma ou mais das seguintes situações: vivenciar diretamente o evento traumático; testemunhar pessoalmente o evento traumático ocorrido com outra pessoa; saber que o evento traumático ocorreu com familiar ou amigo próximo; ser exposto de forma repetida ou extrema a detalhes aversivos de eventos traumáticos.

Para apresentar as consequências sintomatológicas do trauma, o *DSM-IV-TR* as organizou em quatro domínios, a saber: **1. Presença de sintomas intrusivos:** lembranças intrusivas angustiantes, recorrentes e involuntárias do trauma; sonhos angustiantes recorrentes nos quais o conteúdo e/ou o sentimento estão relacionados ao evento traumático; reações dissociativas e/ou flashbacks nos quais o indivíduo sente ou age como se o evento traumático estivesse ocorrendo novamente; sofrimento psicológico e/ou reações fisiológicas, ambos intensos ou prolongados por sinais internos ou externos que simbolizem ou se assemelhem a algum aspecto do evento.

2. Evitação persistente de estímulos: evitação ou esforços para evitar recordação, pensamento ou sentimento angustiante e/ou lembrança externa, pessoa, lugar, atividade, conversa, objeto ou situação que desperte a memória do sentimento ou pensamento angustiante que se assemelhe ou esteja associado ao evento traumático.

3. Alterações negativas em cognições e humor: incapacidade de recordar aspectos importantes do trauma (amnésia dissociativa); crenças ou expectativas negativas persistentes e exageradas a respeito de si mesmo, dos outros e do mundo; cognições distorcidas persistentes a respeito da causa ou consequências do trauma que levam o indivíduo a culpar a si mesmo ou os outros; estado emocional negativo persistente e emoções de medo, pavor, raiva, culpa, nojo, luxúria ou vergonha; interesse e/ou participação diminuída na realização de atividades; sentimento de distanciamento e alienação em relação a outras pessoas; sentimento persistente de incapacidade de sentir emoções positivas, como felicidade, satisfação ou amor.

4. Alterações marcantes na excitação e na reatividade: comportamento irritadiço, inibição ou surto da raiva, com ou sem provocação, e expressos em agressão verbal ou física, em relação a pessoas ou objetos; comportamento de risco; hipervigilância; responder em sobressalto; problema de concentração; perturbação do sono, com dificuldade para iniciar e/ou manter o sono, ou relatar sono agitado.

A Organização Mundial de Saúde (OMS) incluiu, em 2019, na Classificação Internacional de Doenças (ICD-11), um novo diagnóstico denominado TEPT Complexo (TEPT-C). A importância dessa nova categorização reside em abarcar o agravamento do quadro nos casos em que o evento traumático é resultado de episódios múltiplos, de alta frequência e longa duração, com níveis aumentados de violência, e em que escapar do contexto é perigoso ou impossível, perpetrando, na vítima, o total controle do abusador. O abuso sexual prolongado e consumado a partir da infância e adolescência resultará em provável diagnóstico para TEPT-C. Os sintomas contemplam os já mencionados para TEPT, incluindo:

5. **Desregulação afetiva:** comportamentos violentos autoinfligidos.

6. **Autopercepção negativa:** distorção de identidade; estigma e senso de não pertencimento; sentimento de humilhação, desvalorização e autodesprezo persistente.

7. **Dificuldades interpessoais:** problemas para confiar; distanciamento afetivo ou dependência afetiva de pessoas idealizadas como salvadoras do sofrimento.

8. **Percepção sobre o abusador:** preocupação em manter a relação com o abusador e pessoas envolvidas; ambiguidade de sentimento sobre a relação; pensamentos persistentes sobre vingança.

9. **Sistemas de significado:** perda de fé, sensação de desesperança e desespero.

O Estatuto da Criança e do Adolescente (ECA) define como criança a pessoa menor de 12 anos, e como adolescente aquela que tiver mais de 12 e menos de 18 anos. A notificação de violência para esta faixa etária é compulsória, tanto nos casos suspeitos quanto confirmados, e é definida no ECA pela Lei nº 8.069/1990, regulamentada pela Portaria MS nº1.968/2001. Por se tratar de menor de idade, é obrigatório encaminhar cópia da ficha de notificação ao Conselho Tutelar da Criança e do Adolescente ou à Vara da Infância e da Juventude e, na ausência dessas instituições, à Vara de Justiça ou Delegacia comum existente na localidade, sem prejuízo de outras medidas legais.

A Lei Federal 12.015/2009 altera o Código Penal Brasileiro e define "estupro" como o ato de constranger alguém, mediante violência ou grave ameaça, a ter conjunção carnal ou a praticar ou permitir que com ele se pratique outro ato libidinoso; e especifica como estupro de vulnerável a prática da conjunção carnal ou ato libidinoso com menor de 14 anos. Em 2022, houve o maior número de registro de casos de estupro notificados às autoridades policiais da história do Brasil, com aumento de 8,2% comparado ao ano anterior. Foram 74.930 registros, nos quais 88,7% das pessoas eram do sexo feminino e 11,3% do masculino. As crianças e adolescentes foram as principais afetadas, constando que 10,4% eram bebês e crianças com idade entre 0 e 4 anos; 17,7% crianças entre 5 e 9 anos e 33,2% entre 10 e 13 anos. Esses dados permitem inferir que aproximadamente oito em cada dez vítimas de violência sexual eram menores de idade. Sobre a autoria do abuso, os registros mostram que 82,7% eram pessoas conhecidas da vítima. Para crianças e adolescentes entre 0 e 13 anos, em 64,4% dos casos o abusador era um familiar, 21,6% um conhecido sem relação de parentesco e 13,9% eram pessoas desconhecidas. Entre as vítimas de 14 anos ou mais, 37,9% dos casos foram praticados por um familiar, 24,4% por parceiros ou ex-parceiros íntimos, 15% por outros conhecidos e apenas 22,8% foram praticados por desconhecidos da vítima. Sobre o local de ocorrência, 71,6% foram consumados na própria casa da vítima. Em relação ao horário, em 65,1% dos casos de estupro de vulnerável, o abuso aconteceu entre 6h e 18h, período em que geralmente a vítima estava sob os cuidados do abusador.

Embora os dados apresentados sejam de extrema relevância para uso como recorte da problemática no Brasil, eles refletem exclusivamente o banco do sistema policial. O Instituto de Pesquisa Econômica Aplicada (Ipea), cruzando dados da Pesquisa Nacional de Saúde do Instituto Brasileiro de Geografia e Estatística (PNS/IBGE) e do Sistema de Informação de Agravos de Notificação do Ministério da Saúde (Sinan/MS), aferiu, em maio de 2023, que apenas 8,5% dos estupros estão sendo notificados pela polícia e somente 4,2% pelo Sistema de Informação da Saúde, percentuais muito distintos dos números estatísticos identificados na pesquisa, que estabelece a probabilidade de um número real em torno de 822 mil casos por ano, o que corresponderia à ocorrência de quase dois casos por minuto no Brasil.

Existem características que diferenciam o impacto do abuso sexual. O recorte para pessoas adultas aponta a prevalência para violência extrafamiliar, e embora na maioria dos casos a vítima conheça o abusador, este não é um parente, e o estupro ocorre fora de casa, por episódio único ou episódios com baixa recorrência e curta duração. Outro ponto notável é que, ao sofrer um abuso, o adulto é possivelmente competente para se reconhecer como vítima, compreender a magnitude da situação, o caráter ilícito, buscar apoio, evitar novas violações e acionar meios legais em sua defesa.

O mesmo não acontece com adolescentes e crianças vulneráveis, que em grande maioria não possuem a capacidade de compreender o contexto, podem estar confusas sobre a ilicitude do ato abusivo ou ainda temerosas sobre as consequências possíveis de sua revelação, o que as torna extremamente dependentes de outras pessoas capazes para assumir condutas cabíveis ao enfrentamento do abuso. Como visto, os dados notificados no Brasil expõem que crianças e adolescentes foram as mais violadas em seu corpo, em suas relações de afeto e em seu esquema de segurança, uma vez que o abuso foi comumente praticado no contexto intrafamiliar, em sua própria casa, à luz do dia, por uma figura de confiança, na grande maioria alguém de sua própria família, alguém com quem provavelmente tinha uma relação emocional estabelecida e que, portanto, nutria a expectativa de ser cuidada. Nesses contextos, verifica-se a facilitação de múltiplos episódios, alta frequência e duração extensiva ao longo do tempo amparada pelo uso de estratégias manipulativas pelo abusador, como gratificações, ameaças e barganhas que perpetuam o contexto em sigilo.

Dentre os possíveis desfechos de situações de abuso notificadas, temos os casos em que foram adotadas medidas protetivas total ou parcialmente, tais como o afastamento do perpetrador, cuidados físicos à vítima, apoio e validação familiar, tratamentos psíquicos, ações de efeitos atenuantes na intensidade dos sintomas do TEPT-C. Em outros casos, constitui uma interrelação da experiência traumática pelo abuso sexual por um lado, e a experiência social invalidante vivenciada por ações de omissão ou negligência por parte de uma ou mais pessoas e instituições, incidindo em um cenário favorável para o desenvolvimento de nova e distinta experiência traumática correlacionada à inicial, um trauma secundário chamado de invalidação traumática.

Existem muitos comportamentos que promovem a invalidação traumática. Melanie Harned, referência no estudo do trauma, descreve dez estilos de comportamentos indicativos de invalidação traumática, sendo eles: **1. Crítico:** insultar, humilhar, ridicularizar, xingar, menosprezar a vítima, resultando no surgimento de crenças como "você é mau", "você é errado". **2. Tratamento desigual:** ser tratado injustamente ou como inferior, ser comparado com outras pessoas, ser discriminado e estigmatizado, resultando no surgimento de ideias como "você é inferior", "você é inadequado". **3. Ignorado:** ser tratado como se não existisse, sofrer pela falta de atenção ao que diz ou faz, ser deixado sozinho por longos períodos, resultando na construção de ideias como "você não é importante". **4. Negligência emocional:** não receber respostas carinhosas ou amorosas, pessoas demonstrarem indiferença ao sofrimento apresentado, ser comunicado de que não deve sentir ou expressar seu sofrimento emocional, resultando na construção de ideias como "você não é digno de ser amado", "você não merece ser cuidado". **5. Exclusão:** ser rejeitado, ser convidado a se retirar de grupos, ser excluído de atividades familiares, resultando na construção de ideias como "você é repugnante", "você é inaceitável". **6. Interpretações equivocadas:** comportamento interpretado de maneira que difere dos fatos e/ou é negativa; ser considerado como tendo más intenções; ser acusado de que o que transmite sentir, na verdade, não sente, resultando na construção de ideias como "você não é confiável", "você é prejudicial aos outros". **7. Controlador:** ser dito qual é o comportamento que deve ter, ser tratado como incapaz de tomar decisões sábias, resultando na construção de ideias como "você é incompetente". **9. Culpabilizar:** ser culpabilizado por coisas das quais não teve a culpa, ser injustamente julgado e acusado pelos comportamentos problemáticos, escutar que só causa problemas aos outros, resultando na construção de ideias como "você é um fardo", "você causa os problemas". **10. Negação da realidade:** ser informado de que suas percepções dos fatos são imprecisas, equivocadas, que está inventando ou exagerando, e ter pessoas negando que disseram ou fizeram algo apesar de existirem provas dos fatos, resultando na construção da ideia de que "você é louco", "você não pode confiar em si mesmo".

Esses comportamentos que invalidam a experiência da pessoa que vivenciou um TEPT-C podem ser verificados na ausência ou presença da consciência sobre o abuso, mas, como característica, configuram-se diretamente relacionados aos comportamentos resultantes da sintomatologia do TEPT-C, que neste sentido estão expostos no novo funcionamento pós-traumático da vítima. Temos ainda o fato de que a invalidação do trauma vai se confirmar agravante de efeitos prejudiciais à recuperação do transtorno e, em muitos casos, essa problemática é descrita pela vítima como uma experiência ainda mais perturbadora e danosa do que o abuso em si, com impactos desastrosos e intensificadores das problemáticas decorrentes na vítima.

Embora possa levar tempo para as vítimas vulneráveis terem maturidade, oportunidade ou coragem para comunicar o abuso, em dado momento familiares, educadores, comunidade religiosa, amigos, profissionais da saúde, da polícia ou do Judiciário tomam ciência da situação, mas não correspondem aos cuidados necessários ou obrigatórios à vítima, reforçando todas as consequências sintomatológicas danosas do TEPT-C e da invalidação traumática. Estudos na área de trauma demonstram que o diagnóstico de TEPT-C configura aumento de 80% na probabilidade de comorbidades; é um fator elevado ao risco de suicídio; e está associado a custos econômicos consideráveis por altos níveis de utilização de serviços médicos. O prejuízo ao funcionamento fica evidente principalmente nos domínios social, do desenvolvimento, interpessoal, educacional e da saúde física.

O exposto neste texto nos permite considerar, entendendo os percentuais probabilísticos apresentados pelo Ipea, e a constatação do baixo percentual notificado ao sistema de saúde, que é possível inferir uma alta probabilidade de que os casos de TEPT-C, resultante de abuso sexual na infância e adolescência, não estejam sendo diagnosticados e tratados. Do mesmo modo, observando os baixos percentuais de notificação à polícia, é presumível inferir que abusadores não estejam sendo detectados e penalizados por seu crime. Também podemos propor, a partir da compreensão da complexidade da sintomatologia do TEPT-C e invalidação traumática, bem como prejuízos associados, que existe uma necessidade urgente de políticas públicas mais efetivas e capazes de combater o abuso, problema silencioso que transita entre várias esferas públicas e sociais de cuidado.

Referências

AMERICAN PSYCHIATRIC ASSOCIATION (APA). *Manual diagnóstico e estatístico de transtornos mentais (DSM-5®)* 5. ed. Porto Alegre: Artmed; 2014.

BOHUS *et al.* A research programme to evaluate DBT- PTSD, a modular treatment approach for Complex PTSD after childhood abuse. *Borderline Personality Disorder and Emotion Dysregulation*, 2019. Disponível em: https://pubmed.ncbi.nlm.nih.gov/30873283/. Acesso em: 30 set. 2024.

BRASIL. *Estatuto da criança e do adolescente*. Lei 8.069/90. São Paulo: Atlas, 1991.

FÓRUM BRASILEIRO DE SEGURANÇA PÚBLICA. *17º Anuário brasileiro de segurança pública*. São Paulo: Fórum Brasileiro de Segurança Pública, 2023.

HARNED, M. S. *Tratando trauma com a terapia comportamental dialética*: protocolo de exposição prolongada em DBT. Novo Hamburgo: Sinopsys, 2023.

INSTITUTO DE PESQUISA ECONÔMICA APLICADA (Ipea). *Elucidando a prevalência de estupro no Brasil a partir de diferentes bases de dados*. Disponível em: https://www.ipea.gov.br/portal/publicacao-item?id=ec99b26f-c043-487a-9263-5ccf86f8dc0a. Acesso em: 28 dez. 2023.

WORLD HEALTH ORGANIZATION. *ICD-11*: International Classification of Diseases 11th revision. 2018. Disponível em: https://icd.who.int/. Acesso em: 21 set. 2018.

07

CONFLITOS CONJUGAIS E OS FILHOS, COMO FICAM?

Conflitos fazem parte de qualquer relacionamento. A maneira como o casal lida com eles pode impactar significativamente a qualidade do seu relacionamento e o desenvolvimento das crianças. Um compromisso mútuo, o respeito às diferenças e a busca por soluções saudáveis podem fortalecer a conexão emocional e levar a um relacionamento familiar harmonioso.

CRISTIANE RAYES

Cristiane Rayes

CRP 06/40025

Mãe dos amados Mariana e Vitor. Psicóloga clínica e educacional há 30 anos, atuando no atendimento de crianças, adolescentes, adultos e orientação de famílias. Especialista em orientação familiar e processos psicoterapêuticos, terapia cognitivo-comportamental, distúrbios de aprendizagem e mediação de conflitos; terapeuta EMDR. Desenvolvimento de projetos de habilidades socioemocionais e treinamento de professores. Palestrante. Responsável pelo curso de Orientação Familiar Programa AMORES; coordenadora do curso de especialização em Orientação Familiar e Educação Parental no InTCC Rio. Idealizadora dos jogos e materiais terapêuticos *Prumo das emoções, Coleção Feelings, Dinâmica e comunicação familiar, Luva 5 As, Jogo da coragem e confiança* e *Eu sou, eu posso ser..., + Sobre minha história, Cultivando as relações, Caixinha da amizade,* autora do *Baralho AnimAção, Corujas em ação* e dos livros *Autoestima de A a Z* e *Superando os medos de A a Z*, da Editora Literare Books. Coordenadora dos livros *Orientação familiar* vols. 1, 2 e 3, idealizadora e organizadora dos 1°, 2°e 3º Congresso de Orientação Familiar.

Contatos
cristianerayes@gmail.com
Instagram: @crisrayes
11 98573 0444
11 96346 6078 / 11 5071 1331 (clínica)

Conflitos conjugais

As relações conjugais podem ser permeadas pelo amor, mas não deixam de tornar evidentes os diferentes hábitos e costumes de cada pessoa, o que, por sua vez, traz desafios e conflitos que não podem ser ignorados. Os conflitos originam-se em situações inerentes à convivência e às relações humanas, manifestando-se em várias esferas da vida. No entanto, são os conflitos familiares que se destacam pela sua natureza profundamente pessoal e pela sua capacidade de persistir ao longo do tempo. Raramente estes são acontecimentos isolados, sendo expressões complexas de trajetórias e dinâmicas familiares que flutuam ao longo do tempo, podendo aumentar ou diminuir à medida que acontecem. Como resultado, os níveis de tensão ou intensidade não são estáticos, sendo comum nos depararmos com conflitos conjugais que aparentemente pareciam estar resolvidos, mas que voltam à tona em algum momento e carregam consigo uma história moldada por comportamentos passados, experiências e percepções individuais. Os conflitos não resolvidos podem agravar e afetar o relacionamento, portanto, quanto mais rapidamente forem enfrentados, melhor e mais eficiente poderá ser a sua resolução.

É importante considerar que nem todos os conflitos são negativos e não estão associados ao fim da relação, estes podem ser seguros se forem gerenciados de forma construtiva, com aceitação, compreensão mútua, capacidade de escuta, resolução de problemas, abordados com respeito e empatia, levando ao crescimento pessoal e fortalecimento do relacionamento.

Fatores relevantes

Os conflitos conjugais podem se desencadear por diversas situações, tais como: questões financeiras, tarefas domésticas, ciúmes, educação dos filhos, relação sexual, entre outras. Um fator importante a se entender é que o conflito também pode envolver a tentativa de satisfação das necessidades psicológicas e pessoais relacionadas ao sentimento de proteção, pertencimento e afeto, sendo que o gatilho ou a causa aparente deste não representa realmente a sua verdadeira origem. Ter clareza da origem e da natureza dos conflitos é essencial para se estabelecer uma compreensão e busca por atitudes.

A discrepância entre a realidade e a percepção que cada um tem da realidade é outro fator relevante no aparecimento de conflitos. Essa discrepância se deve ao fato de que percebemos e damos sentido ao mundo, moldados por nossas crenças, opiniões, experiências passadas, valores, ideias e preconceitos, o que leva a diferentes interpretações da mesma situação. O choque entre o ideal e o real é o que desencadeia as primeiras discussões, dificuldades e decepções no casal.

A presença de indivíduos externos ou família de origem pode impactar a intensificação ou atenuação dos conflitos. Infelizmente, essas influências conduzem mais frequentemente à escalada de conflitos e não o contrário, embora também possam desempenhar um papel essencial na redução das tensões familiares.

O exercício da parentalidade é outro fator relevante. As demandas constantes com a criança podem impactar a saúde mental e emocional dos pais, podendo levar a momentos de estresse, afetando a capacidade de concentração e bem-estar. É nesse ponto que a dinâmica conjugal muitas vezes é desafiada, uma vez que o foco da atenção muda quase que integralmente para o bebê e os casais experimentam uma diminuição na qualidade de suas relações conjugais. Em outras palavras, a conjugalidade pode se perder em meio à parentalidade.

As relações com presença de conflitos e adversidades variam em diversos aspectos. O impacto do conflito depende de sua intensidade e duração. Alguns casais apresentam habilidades de resolução, outros chegam à separação, enquanto outros passam a vida juntos em relações conflitivas e desgastantes. Compreender os padrões recorrentes e identificar os fatores que levam a discussões pode abrir caminho para uma abordagem mais construtiva para se chegar a um comum acordo e resolver os problemas que afetam o relacionamento com o propósito de elaborar, entre si, formas adequadas de enfrentamento.

Crianças em meio aos conflitos dos seus pais

Os conflitos impactam as inter-relações, ou seja, as atitudes de um impactam os outros. Segundo Cummings e Davies (2010) e Goeke-Morey, Cummings, Harold e Shelton (2003), os conflitos conjugais podem ser classificados como construtivos ou destrutivos conforme as repercussões que provocam nos membros da família.

Conflitos conjugais construtivos envolvem comportamentos de resolução de problemas com estratégias bem-sucedidas, capacidade para solucionar a situação, respeito mútuo e percepções positivas de conflitos não resolvidos. Conflitos destrutivos incluem estratégias de agressão verbal ou violência física entre os membros do casal, hostilidade não verbal ou "tratamento silencioso". Envolvem a retirada abrupta durante a interação conflitiva, ameaças à estabilidade da família e brigas sobre temas relacionados à criança.

Os sentimentos de angústia, tristeza, raiva, medo e preocupação são comuns nas crianças, indicando que o conflito de casal se mostra como um estressor significativo. Crianças se sentem inseguras diante da possibilidade da separação de seus pais. É importante considerar que o conflito conjugal na presença da criança pode ter um impacto tanto direto quanto indireto sobre ela. A exposição direta ao conflito pode afetá-la de várias maneiras, não apenas pela experiência em si, mas também ao servir como um modelo de como lidar com problemas e desafios. De maneira indireta, o conflito pode comprometer o relacionamento entre pais e filhos, ao mesmo tempo em que provoca mudanças nas dinâmicas e práticas parentais.

Nesse contexto, é importante ressaltar que o conflito conjugal está intrinsecamente ligado a práticas parentais negativas, segundo o conceito de "efeito *spillover*" (Erel; Burman, 1995). Esse conceito postula que a qualidade da relação conjugal pode transbordar e influenciar o relacionamento entre pais e filhos (Hameister; Barbosa; Wagner, 2015). Consequentemente, o estresse e a hostilidade originados nos conflitos conjugais podem se estender para a relação parental, acarretando mudanças na disposição emocional dos pais, como exclusão, hostilidade e falta de responsividade. Além disso, esses conflitos podem afetar o nível de controle exercido pelos pais sobre uma criança, manifestando-se em baixa supervisão, disciplina severa ou inconsistente (Cummings *et al.*, 2016; McCoy; George; Cummings; Davies, 2013).

Entretanto, sabe-se que nem todas as crianças expostas a experiências negativas, tais como o conflito conjugal, desenvolvem problemas de ajustamento. A dinâmica do processo de transbordamento entre os subsistemas parental e conjugal constitui-se em um fenômeno complexo que envolve variáveis individuais dos filhos, como o temperamento e a capacidade de resiliência, variáveis relativas ao funcionamento da família, tais como as práticas parentais, além das características individuais dos pais, como personalidade e nível de satisfação com o relacionamento conjugal; além das características do conflito conjugal, como frequência, intensidade, resolução (Carlson *et al.*, 2011).

Quando os conflitos acontecem na presença da criança, é benéfico que os pais forneçam explicações sobre como esses conflitos foram ou estão sendo resolvidos. Além disso, a clareza de que estes não representam uma ameaça grave constitui uma abordagem construtiva. Essas estratégias não apenas ajudam a criança a cultivar comportamentos positivos diante de situações conflitantes, mas também são benéficas para o desenvolvimento de estratégias e habilidades saudáveis na gestão de conflitos em seus futuros relacionamentos.

As famílias disfuncionais

Frequentemente encontramos crianças envolvidas nos conflitos conjugais nas famílias disfuncionais. Green (1981) aponta algumas formas específicas de triangulação da criança com a família, sendo elas:

A criança superprotegida: os pais se unem em torno das fragilidades da criança. Em certas situações, os pais podem inadvertidamente contribuir para o surgimento de disfunções (tanto físicas quanto psicológicas), transformando-a involuntariamente em receptáculo de proteção e excesso de cuidados. A manifestação visível de uma suposta "doença" ou "fraqueza" na criança desvia a atenção dos pais de seus próprios conflitos conjugais. Os pais acabam por reforçar a incompetência ou disfunção da criança, mesmo que essa não fosse sua intenção primordial.

O bode expiatório: os pais e a criança se unem para eliciar um comportamento de *acting out* por parte da criança, geralmente agressão, não acomodação às regras e/ou irresponsabilidade. A criança torna-se alvo de tentativas agressivas, por parte dos pais, de disciplinar, punir e controlar. Os comportamentos inadequados da criança desviam a atenção dos pais e do conflito conjugal à medida que os pais se unem para controlar a criança.

Competição entre os pais: neste caso, a criança é pressionada, tanto de forma agressiva quanto sedutora, para que tome partido de um dos pais e frequentemente aponte quem está certo ou errado no conflito. Um dos genitores a vê como aliada, enquanto o outro a enxerga como desleal. A criança passa a acreditar que estar próxima de um dos pais significa também estar alienada em relação ao outro. Além disso, os pais desvalorizam ou invalidam a autoridade um do outro no que diz respeito à criança. Cada genitor, no entanto, sustenta visões opostas em momentos distintos.

Coalizão *cross*-geracional rígida: este padrão de triangulação envolve um dos pais e a criança, estabelecendo pacto especial, formando uma aliança sólida em oposição à outra figura parental. A autoridade do pai/mãe é continuamente menosprezada, enquanto o conflito entre a outra figura parental e a criança assume um papel dominante na dinâmica familiar. O pai/mãe pode se afastar progressivamente da vida familiar ou competir com a criança pela atenção do outro membro, mas raramente conquista um papel central na família. Paralelamente, um pai/mãe envolvido pode desenvolver com a criança um relacionamento que se assemelha a um "casamento", caracterizado por uma alta dependência mútua e uma baixa autonomia recíproca. Nesses casos, frequentemente ocorre uma inversão de papéis, em que uma criança assume o papel de uma figura parental para o pai ou a mãe.

Por onde podemos começar

É essencial conhecer a dinâmica familiar relacionada ao conflito conjugal para que seja possível construir estratégias que contribuam para a promoção de mudanças e fortalecimento das relações familiares.

Investir na relação: casais que buscam atitudes para manter o casamento e melhorar a satisfação conjugal têm maior eficácia de suas práticas parentais e não apenas em sua conjugalidade.

Comunicação clara: comunicação eficiente é essencial em qualquer relação. Frente aos desafios, é importante que os parceiros exponham, verbalizem suas dificuldades, seus pensamentos e emoções, criando assim uma comunicação clara, onde os sentimentos podem ser expressos e acolhidos de maneira afetiva, facilitando a resolução dos problemas. Escutar e acolher o sentimento do outro é o caminho para a conexão, não se opondo ou negando os sentimentos desagradáveis.

Clareza e habilidades de resolução de conflito: a clareza sobre os conflitos, causas, gatilhos e necessidades de cada um facilita a busca por soluções adequadas. Habilidades de comunicação, resiliência e empatia são essenciais.

Agora, trago algumas reflexões sobre conjugalidade que podem ser vistas e revistas ao longo de sua jornada.

1. Avalie se, entre os(as) parceiros(as), existe amor. Digo que o amor, essa palavra tão pequena e que carrega um significado tão grande, deve envolver:

( ) Afeto.
( ) Admiração.
( ) Cumplicidade.
( ) Desejo.
( ) Objetivos comuns.
( ) Respeito.

2. Agora responda:

Como está a relação do casal?
Detalhe os conflitos existentes.
Esses conflitos se dão a nível da conjugalidade ou da parentalidade? Quais são as habilidades de tolerância e negociação de cada um frente aos desafios?

3. Olhando além das dificuldades, agora reflita e anote quais são os potenciais, as competências de cada um e como estas podem auxiliar a resolver as dificuldades existentes. A valorização do positivo, a flexibilidade e novas atitudes são fundamentais para se obter resultados satisfatórios.

4. Avalie quanto tempo é dedicado à relação conjugal. Anote aqui o tempo de qualidade do casal e o que fazem de agradável. Lembre-se de que a relação conjugal precisa de investimento afetivo, ser vista e revista.

5. Como estão sendo atendidas as necessidades de cada um? Em um relacionamento deve existir o meu, o seu e o nosso. Temos gostos e necessidades diferentes, sendo necessária a prática do autocuidado e autorrespeito. Registre as necessidades individuais e converse sobre elas. Casais que se apoiam e acolhem a necessidade um do outro têm maior conexão e cumplicidade.

Procurei trazer aqui reflexões que parecem simples, mas que talvez não sejam tão fáceis de serem respondidas até mesmo em função da rotina diária. As reflexões são excelentes exercícios de autoconhecimento e trazem a possibilidade de olhar para si e para o outro, porém é necessário partir sempre em busca de novas atitudes e enfrentamentos.

O que você deseja colocar em prática hoje?

Referências

CALIL, V. L. *Terapia familiar e de casal*. São Paulo: Ed. Summus, 1987.

CARLSON, M. J.; PILKAUSKAS, N. V.; MC LANAHAN, S. S.; BROOKS-GUNN, J. Couples as partners and parents over children's early years. *Journal of Marriage and Family*, 73, p. 317-334, 2011.

CUMMINGS, E. M.; DAVIES, P. T. Effects of marital conflict on children: Recent advances and emerging themes in process--oriented research. *Journal of Child Psychology and Psychiatry*, v. 43, n. 1, p. 31-63, 2002.

EREL, O.; BURMAN, B. Inter-relação das relações conjugais e das relações pais-filhos: uma revisão meta-analítica. *Boletim Psicológico*, 118 (1), p. 108-132, 1995.

GOTTMAN, J. M. Predicting the longitudinal course of marriages. *Journal of Marriage and Family Therapy*, 17, p. 3-7. doi: 10.1111/j.1752-0606.1991.tb00856.x, 1991.

GREEN, R. J.; FRAMO, J. *Family Therapy*: Major contributions. Nova Iorque: International Universities Press, 1981.

HAMEISTER, B. R.; BARBOSA, P. V.; WAGNER, A. Conjugalidade e parentalidade*:* uma revisão sistemática do efeito spillover. *Arquivos Brasileiros de Psicologia*, 67(2), p. 140-155, 2015.

08

MINIDICIONÁRIO DE VIOLÊNCIAS

CONCEITOS PSICOLÓGICOS E JURÍDICOS RELEVANTES APLICADOS À VIOLÊNCIA DOMÉSTICA

Partindo da premissa de que conhecimento é poder, o objetivo deste capítulo é oferecer informação para apropriação de conteúdo transformador relacionado à violência doméstica; e tornar mais eficazes os instrumentos legais existentes.

DANIELA MELLO E
KATIA PAES

Daniela Mello

Advogada, especialista em direito empresarial, sindical e *compliance*; integrante da Comissão da Mulher Advogada; secretária-geral do Comitê de Representatividade da OAB/PE; vice-presidente da Comissão de Educação para a Cidadania da OAB-PE; palestrante da ESA-OAB/PE; professora universitária, ex-coordenadora de gênero; escritora de diversos livros e artigos publicados em jornais, artigos e blogs; fundadora e presidente do Instituto Xegamiga de combate à violência contra as mulheres e do projeto Tão Tão Aventureiro, dedicado a pautas como ética, valores humanos e cidadania para crianças e adolescentes.

Contatos
danielaacmello@gmail.com
Instagram: @danielaacmello

Katia Paes

Psicóloga clínica, mentora de mulheres e moderadora do grupo de apoio "Sobreviventes", que acolhe mulheres. É mestranda em Psicologia da Saúde pela FPS, pós-graduada em Terapia do Esquema e em Terapia Cognitivo-comportamental e Saúde Mental pelo IPq HCFMUSP, laureada em Psicologia pela FIR-PE e graduada em Administração de Empresas pela UPE. Membro da diretoria da Associação de Terapias Cognitivas de Pernambuco (ATC-PE) e Conselheira do instituto Xegamiga.

Contatos
psi@katiapaes.com
Instagram: @katiapaes
81 99239 5558

A Educação não transforma o mundo. Educação muda as pessoas. Pessoas transformam o mundo.
Paulo Freire

Em 2022, 35 mulheres foram agredidas física ou verbalmente por minuto no Brasil; e 28,9% (18,6 milhões) das mulheres brasileiras relataram terem sido vítimas de alguma violência ou agressão. Entender a legislação e a estrutura conceitual dos abusos psicológicos mais recorrentes contra elas é possibilitar a mudança da estatística e de suas vidas.

Depois de 17 anos de vigência da Lei Maria da Penha, o combate à violência doméstica contra a mulher ainda é um desafio. Embora reconhecida pela ONU como uma das melhores leis para deter a violência de gênero, a escalada dos índices nacionais têm levantado dúvidas sobre sua eficácia como instrumento para tratar a questão.

Criada em 2006, a partir de uma decisão da corte interamericana de direitos humanos e após a segunda tentativa de feminicídio contra a mulher cujo nome a batizou, a Lei Maria da Penha compeliu o Brasil a seguir as diretrizes internacionais e criar uma conduta legal para responder à demanda crescente de violência doméstica do país. O valor da legislação em vigor é incontestável e, certamente, o que a afasta de maior eficiência é a ausência de pleno domínio de seu conteúdo e de seus termos pelos profissionais que atuam na área e pela população em geral, notadamente mulheres vítimas de relacionamentos abusivos. Entre os termos mais recentemente adotados em violência doméstica, estão:

Boletim de ocorrência: instrumento formal através do qual a queixa da vítima de violência passa a integrar a estatística nacional. Necessário para início do inquérito policial e solicitação de medida protetiva.

Codependência: quando uma pessoa depende de outra para satisfazer quase todas as suas necessidades emocionais e de autoestima. O codependente pode POSSIBILITAR que o parceiro mantenha seu comportamento irresponsável, viciado, transtornado ou insatisfatório.

Condicionamento: uso de reforço intermitente para condicionar a vítima a se comportar da forma que o abusador deseja. Uso de elogios, carinhos e atenção para reforçar comportamentos benéficos para o abusador e destrutivos para a vítima. Uso de agressividade, críticas ou desatenção para punir comportamentos que ameacem o controle sobre a vítima. A vítima vai perdendo sua identidade e aprende a viver para suprir as necessidades do abusador. Esquece seus sonhos, valores e teme momentos de felicidade, independência, pois estes ficam associados às brigas.

Empatia: a empatia quente/emocional causa impacto emocional decorrente das interações interpessoais e a empatia fria/cognitiva ocorre quando o indivíduo é capaz de perceber e compreender as emoções alheias, mas não é afetado por elas. Quanto mais narcisista o indivíduo, menos empatia emocional e mais empatia fria.

Empoderamento: movimento de emancipação individual, que busca o autoconhecimento e o domínio sobre a própria vida.

Espelhamento: o abusador imita a vítima, fingindo ter os mesmos gostos, opiniões, sonhos e ideais. As diferenças um do outro parecem se complementar com a intenção de criar um falso senso de intimidade e apressar a vítima para um relacionamento mais sério, já que o abusador sabe que não conseguirá sustentar a máscara por muito tempo. Apaixonada por si mesma, pois se vê no abusador, a vítima se entrega por completo.

Feminicídio: homicídio qualificado pelo direcionamento ao gênero feminino. A Lei do Feminicídio entrou em vigor em 2015, colocando o tipo na lista de crimes hediondos, aqueles com penas mais altas.

Feminismo: movimento que luta pela igualdade social e de direitos para as mulheres.

Gaslighting: abuso psicológico caracterizado por um conjunto de táticas para manipular psicologicamente alguém, até questionar sua própria sanidade. O abusador tenta mudar o senso de realidade da vítima ao invalidar, distorcer, omitir ou inventar informações e repetir inúmeras vezes que a percepção dela é equivocada e absurda.

Ghosting: cortar abruptamente todo o contato com alguém, geralmente sem explicação. Não responder a chamadas telefônicas, mensagens instantâneas etc.

Guarda compartilhada: guarda que atribui aos dois genitores o dever sobre as deliberações de todas as questões relativas ao filho.

Guarda unilateral: guarda atribuída apenas a um dos genitores, sendo que o outro mantém o direito de visitas e de acompanhar e supervisionar as decisões sobre a criação do filho.

Hoovering: tática de manipulação batizada assim por causa da marca de aspirador de pó Hoover. Consiste em "sugar" uma pessoa de volta ao relacionamento abusivo. Acontece após um afastamento entre vítima e agressor que, no intuito de sugar tempo, energia e atenção do seu alvo, simula crises, pratica *love bombing, stalking* ou difamação.

Isolamento: com intenção de enfraquecer a rede de apoio da vítima, o abusador afasta as pessoas que a amam, aconselham e poderiam dar suporte e abrigo em caso de abuso insuportável.

Utiliza campanhas difamatórias persistentes, usa segredos que a vítima confidenciou sobre amigos ou família para afastá-la deles.

***Love bombing* (Romantização):** tática de manipulação que bajula e tenta suprir todos os desejos românticos da vítima. É usada para conquistar ou reconquistá-la com promessas falsas de amor.

Medida protetiva: determinação concedida em casos de urgência e risco de vida da mulher. A mais comum delas é a ordem de afastamento, mas existe a de alimentos, de afastamento do agressor do domicílio do casal, entre outras.

Narcisismo: personalidade caracterizada pelo egocentrismo e desconsideração das necessidades alheias. O grau de narcisismo é inversamente proporcional ao grau de empatia emocional que uma pessoa sente. Existem níveis de narcisismo normais para um ser humano, mas um indivíduo é um **narcisista patológico** quando classificado no Transtorno de Personalidade Narcisista e, no mais alto grau de narcisismo, também está classificado no Transtorno de Personalidade Antissocial (sociopata ou psicopata).

Narcisista aberto/grandioso: narcisista que mostra abertamente a sua superioridade e o seu autoconceito inflado. É notoriamente explorador e manipulador; tem tendências mais agressivas, necessidade excessiva de controle e atenção, delírios de grandeza e poder; é mentiroso e autoindulgente.

Narcisista intelectual: narcisista que usa o intelecto para atrair suas vítimas. Deseja, de maneira insaciável, ser intelectualmente superior. Desvaloriza o sucesso dos outros, acredita que sua inteligência tem que ser compartilhada, vangloria-se de pequenas conquistas, aceita crédito pelo trabalho dos outros, culpa os outros pelos seus fracassos e não consegue lidar com críticas, mesmo que construtivas.

Narcisista perverso: diagnóstico equivalente ao Transtorno de Personalidade Antissocial (sociopata/psicopata). No mais alto grau de narcisismo, é sádico, disposto a causar dano, sofrimento ou angústia deliberadamente. Demonstra ódio, se diverte com a dor e a humilhação alheia e, por isso, inflige sofrimento voluntariamente para gratificar a si mesmo e controlar os outros. Isso pode se manifestar como abuso verbal, emocional e até físico.

Narcisista secreto/vulnerável: é mais discreto, tímido ou reservado. Prefere se vitimizar. Sua pretensão é mais silenciosa e a sua grandiosidade é mais oculta e menos estável. Parece charmoso e atencioso, mas, na realidade, tem baixa empatia quente e prefere a comunicação passivo-agressiva a entrar em embates. Parece uma pessoa especial e incompreendida, podendo demonstrar, inclusive, ter vergonha.

Narcisista somático: utiliza o corpo, a aparência física e a sexualidade como principal forma de obter suprimento narcísico. Tem preocupação excessiva com a aparência, é vaidoso, hiperssexualizado. Tem muita admiração e inveja, costuma ser infiel e cultiva um harém.

Política pública: conjunto de ações para coibir a violência doméstica contra mulher e familiar, articuladas pela União, Estados, Distrito Federal e Municípios e por ações não governamentais.

Projeção: mecanismo de defesa comumente utilizado pelo abusador para fugir da responsabilidade dos seus desejos malignos. Ele convence a vítima de que foi ela que desejou ou praticou a situação perversa e a culpabiliza pelo seu comportamento. Diz-se que a vítima faz uma **identificação projetiva** quando se identifica com a acusação ou projeção do narcisista e começa a duvidar de si mesma, a pensar que é inapropriada, que estava mentindo para si mesma e a acreditar que é culpada pelos abusos que sofre.

***Red flags* (sinais de alerta):** o abusador demonstra extremo ciúme dos amigos da vítima ou reclama do tempo gasto longe dele; a impede ou desencoraja de estar com outras pessoas; a insulta, humilha ou envergonha na frente de terceiros.

Relacionamento abusivo: padrão de comportamento usado por um parceiro abusador para manter poder e controle sobre a vítima, em um relacionamento íntimo. Inclui comportamentos que manipulam, prejudicam ou intimidam o outro a se comportar de maneira que não deseja por meio de violência física, moral, psicológica, sexual e/ou patrimonial.

***Stalking* (perseguição):** ato de observar, seguir ou assediar a vítima repetidamente, deixando-a amedrontada ou insegura. Pode ser cometido por conhecido da vítima, um ex-parceiro ou um estranho. Abrange diferentes tipos de abuso.

Suprimento narcísico: narcisistas não têm experiências emocionais satisfatórias, por isso, alimentam-se das respostas emocionais dos outros. São dependentes e viciados em extrair suprimentos narcísicos ao controlar suas vítimas. Controlar é obter a reação emocional que deseja ou espera. O narcisista condiciona a vítima a responder de forma previsível para suprir sua necessidade de segurança. Reações emocionais e atenção de qualquer tipo fornecem suprimento narcísico: de forma positiva ou negativa, pública ou privada, com fama ou infâmia, notória ou renomada. O narcisista busca atenção, raiva, ódio, medo, adoração, adulação, aplausos, repulsa. Se não recebe atenção, exige ou impõe. A necessidade de suprimento narcísico é insaciável, por isso, narcisistas usam várias estratégias de manipulação para manter suas vítimas aprisionadas em relacionamentos abusivos.

Tratamento de silêncio: o abusador se distancia da vítima, gerando grande ansiedade. Não atende o telefone, não responde mensagens, pede um tempo. O distanciamento pode ser usado para encerrar uma discussão, culpando a vítima e fugindo da responsabilidade pelos seus erros. É também usado para o abusador realizar seus desejos com outras vítimas, enquanto tortura a vítima principal.

Triangulação: tática de manipulação na qual o abusador insere uma terceira pessoa na dinâmica do casal. Ele deturpa, ou inventa, comportamentos, comentários, opiniões de outras pessoas sobre a vítima para validar o seu ponto de vista e, ao mesmo tempo, isolá-la, causar ciúme, insegurança e medo de abandono.

Violência física: conduta que ofenda a integridade ou a saúde corporal da mulher.

Violência moral: conduta que configure calúnia, difamação ou injúria.

Violência psicológica: conduta que cause dano emocional e diminuição da autoestima; que prejudique e perturbe o pleno desenvolvimento; que vise a degradar ou controlar ações, comportamentos, crenças e decisões da vítima, mediante ameaça, constrangimento, humilhação, manipulação, isolamento, vigilância constante, perseguição contumaz, insulto, chantagem, ridicularização, exploração e limitação do direito de ir e vir ou qualquer outro meio que cause prejuízo à saúde psicológica e à autodeterminação.

Violência sexual: controlar ou violar direitos sexuais e reprodutivos. Mediante coação, chantagem, suborno, intimidação, ameaça, uso da força ou manipulação: constranger a presenciar, a manter ou a participar de relação sexual indesejada; induzir a comercializar ou utilizar, de qualquer modo, a sexualidade; forçar ao matrimônio, à gravidez, ao aborto ou à prostituição.

Violência patrimonial: conduta que configure retenção, subtração, destruição parcial ou total de objetos, instrumentos de trabalho, documentos, bens, valores e direitos ou recursos econômicos; incluindo os destinados a satisfazer suas necessidades.

Violência de gênero: toda e qualquer violência praticada em função do gênero feminino ou direcionada a este.

Visitação assistida: um dos genitores só exerce o direito de visitação com supervisão de um parente ou pessoa indicada pelas partes ou judicialmente.

Muitas vezes, as mulheres sofrem com as condutas descritas na legislação vigente e não se dão conta de que estão sendo vítimas desse tipo de violência, especialmente porque o machismo estrutural as induz a normalizar tais práticas. Além disso, os abusadores podem se revelar parceiros ideais no início de um relacionamento e, à medida que a relação evolui, tentam estabelecer poder e controle por meio de métodos diferentes em momentos distintos. Por isso, reconhecer os sinais de alerta e tomar conhecimento dos conceitos usuais atrelados à violência doméstica é uma ferramenta valiosa na transformação do comportamento social, para a concretização de um mundo melhor, de dignidade, justiça social, paz e inclusão.

09

TRANSFORMAÇÕES DA REGULAÇÃO EMOCIONAL AO LONGO DA VIDA

DA PARENTALIDADE AOS PADRÕES DE COMUNICAÇÃO

A saúde individual e a relacional estão relacionadas à regulação emocional. Na família, aprendemos a regular as emoções, ao longo do ciclo de vida, com efeitos no bem-estar. Para entender como isso ocorre, é preciso considerar cada fase, destacando os impactos da parentalidade e dos padrões comunicacionais que levam às transformações positivas de toda a família.

EDNA LÚCIA TINOCO PONCIANO

Edna Lúcia Tinoco Ponciano

Professora associada no Instituto de Psicologia da UERJ. Bolsista de produtividade em pesquisa CNPq. Cientista do Nosso Estado (CNE/FAPERJ). Procientista da UERJ. Supervisora no SPA/UERJ na Abordagem Sistêmica Focada na Emoção (ASFE). Coordenadora do DERA (bit.ly/derayoutube; bit.ly/derayoutube; @derauerj). Coordenadora do curso de aperfeiçoamento Práticas Psicoeducativas. Investigadora visitante na Universidade de Coimbra (2019-2023). Estudos, principalmente, nos seguintes temas: psicologia da família (relacionamento pais e filhos e conjugalidade), psicologia do desenvolvimento (adolescência e transição para a vida adulta/adultez emergente), regulação emocional, saúde mental, psicologia positiva e pesquisas transculturais sobre esses temas, com a participação de dezenas de países.

Contatos
ednaponciano@uol.com.br
Orcid: 0000-0002-8606-1095

A regulação emocional (RE) é importante para a saúde individual e para a construção de relacionamentos saudáveis. Como um processo de aceitar, nomear e gerenciar as emoções, a RE é uma habilidade a ser trabalhada conjuntamente. Quando cada membro da família é capaz de regular suas emoções, aprendendo com as experiências, a comunicação se torna mais efetiva. Ao abordar a RE ao longo do ciclo de vida, é possível identificar os fatores individuais e relacionais que influenciam o bem-estar de toda a família. Para entender como isso ocorre, sintetizando informações de pesquisas, faço considerações específicas de cada fase. Ao fim, ressalto a parentalidade e os padrões comunicacionais que levam às transformações positivas, ao longo da vida.

Infância

Embora inicial, o processo de aprendizagem da RE na infância é um aspecto desenvolvimental importante, que terá continuidade e relevantes modificações na adolescência. Os bebês não nascem com a capacidade de regular suas emoções e precisam da ajuda de seus cuidadores para acalmar emoções fortes. Os pais/cuidadores desempenham um papel crucial na modelagem de estratégias de RE para seus bebês, que começam, em um contexto interacional, a aprender o complexo processo de regular as emoções (Atkinson *et al.*, 2021). Portanto, o processo regulatório adaptativo começa em conjunto com os pais/cuidadores, o que, a partir da interdependência, promove o desenvolvimento de uma regulação autônoma, do nascimento até o fim da vida, mas não separado das relações. Por não se regularem sozinhos, bebês e crianças pequenas precisam de adultos amorosos que os ajudem a regular suas emoções e seus comportamentos. Com prática e apoio, as crianças desenvolvem competências que as ajudarão a autorregular-se e crescer de modo saudável (Bertie *et al.*, 2021).

Adolescência

A adolescência é um período crucial, em função da especificidade do desenvolvimento de componentes da RE, que, nesse período, sofrem modificações. São eles: neurofisiológicos, cognitivos, comportamentais e sociais (Fombouchet *et al.*, 2023). Com as transformações ocorridas e com o decorrente impacto no desenvolvimento da autonomia, os adolescentes devem aprender a gerir as suas emoções no contexto relacional e podem recorrer cada vez mais aos pares (Silvers, 2022). Ao experimentarem uma série de emoções, com intensidade, a capacidade de regulação é ainda mais requisitada, sendo a aprendizagem de lidar com as emoções um fator importante para o bem-estar psicológico do adolescente, afetando a probabilidade de vivenciarem ansiedade e depressão (Young *et al.*, 2019). Ainda que haja um implemento na autonomia, pais e cuidadores podem desempenhar um papel na promoção da RE dos adolescentes, modelando estratégias adaptativas de RE e fornecendo apoio e orientação (Ponciano, 2016).

Adultez emergente

A RE continua a desenvolver-se e a evoluir durante a adultez emergente, entre 18 e 29 anos, quando os jovens podem permanecer na casa dos pais, enquanto se dedicam à formação e, adiando os compromissos da vida adulta, podem ser mais livres para diversas experimentações (Ponciano, 2021). A adultez emergente é, muitas vezes, percebida como um período de insegurança emocional prolongada, caracterizado por mudanças significativas nos domínios social, educacional e profissional, que podem impactar a RE. Estudos identificaram níveis elevados de estresse, sofrimento psicológico, depressão e ansiedade entre adultos emergentes. Os desafios vivenciados podem ter impacto na capacidade de regulação e contribuir para dificuldades durante esse período (Brewer *et al.*, 2016).

Os primeiros dois anos da faculdade, por exemplo, são particularmente importantes para o desenvolvimento da RE. O ambiente universitário apresenta novos desafios e fatores de estresse, proporcionando oportunidades para serem desenvolvidas e refinadas habilidades de RE, junto aos pares (Park *et al.*, 2020; Zimmermann & Iwanski, 2014).

Vida adulta

A RE continua a ser importante na idade adulta, sendo maior a habilidade de influenciar quais emoções se tem e como vivenciá-las. A RE é importante para o bem-estar psicológico na idade adulta, e os indivíduos que são mais capazes de regular as suas emoções têm menos probabilidade de sentir ansiedade e depressão. Os adultos são mais propensos a recorrer aos amigos para regular as emoções, tendo o apoio social um papel importante na RE, a fim de manter/cumprir compromissos pessoais, profissionais e de família (Gross, 2001).

Envelhecimento

O envelhecimento está associado a mudanças na RE. Alguns estudos sugerem que a RE melhora com a idade, apesar do declínio cognitivo, juntamente com a perda de volume de massa cinzenta em regiões corticais e subcorticais que se acredita servirem à RE (Isaacowitz, 2022). O envelhecimento está associado a um viés na atenção e nas memórias direcionadas ao conteúdo emocional positivo, se afastando do negativo, enfocando as relações positivas e descartando as negativas. Isto sugere que os adultos mais velhos podem ser mais capazes de regular as suas emoções, concentrando-se em experiências positivas. As melhorias relacionadas à idade na RE podem ser causadas por uma mudança na resposta da amígdala a estímulos afetivos. O modelo do envelhecimento do cérebro argumenta que a amígdala mantém a sua capacidade de resposta, mas é modulada por regiões pré-frontais que mostram alterações de volume e função relacionadas com a idade, aumentando a capacidade de gerenciar as emoções (Stretton *et al.*, 2022).

Morte

O papel da RE em relação à morte é um tema complexo e multifacetado. Embora os resultados da pesquisa forneçam alguns insights, eles se concentram principalmente na associação entre estratégias cognitivas de RE, flexibilidade cognitiva, tolerância ao sofrimento e ansiedade de morte entre populações específicas, como mulheres com hipertensão (Ganjari *et al.*, 2020). Nesse sentido, é importante notar que os resultados da pesquisa podem não fornecer uma compreensão abrangente da relação entre a RE e a morte em todos os contextos e faixas etárias. Mais pesquisas são necessárias para explorar as implicações e mecanismos mais amplos da RE diante da morte. Nesse momento da vida, as estratégias de RE com foco cognitivo podem reduzir, manter ou aumentar emoções específicas. A ansiedade de morte é um fenômeno psicológico caracterizado por ansiedade e estresse relacionado a pensamentos sobre a morte, sendo uma preocupação comum. A flexibilidade cognitiva, como uma habilidade para lidar com situações difíceis, considerando-as como gerenciáveis, parece ter um papel importante na previsão da ansiedade da morte, diminuindo o seu impacto (Ganjari *et al.*, 2020). O apoio social foi identificado como tendo uma função de RE no contexto da ansiedade de morte entre pessoas que vivem com HIV (Chukwuorji *et al.*, 2020). O apoio social pode desempenhar um papel crucial para ajudar a lidar com os desafios emocionais associados à ansiedade da morte. A autoeficácia para lidar com a perda e as habilidades de RE podem ser integradas como mecanismos de mudança ao lidar com o luto (Brodbeck *et al.*, 2022; Plusnin & Pepping, 2015).

Parentalidade: efeitos duradouros na RE

A emoção dos pais/cuidadores e suas habilidades de RE são fatores importantes na promoção da socialização emocional, desde a infância, tornando a parentalidade um importante fator de desenvolvimento de formas adaptativas de regulação. Os pais/cuidadores podem influenciar a qualidade dos comportamentos de socialização emocional por meio de suas expressões emocionais e pelas respostas às emoções de seus filhos (Hajal & Paley, 2020), desempenhando um papel central no ensino das crianças a lidarem com emoções negativas (Bertie *et al.*, 2021), que aprendem a regular as suas emoções observando e interagindo com os pais/cuidadores.

Por isso, é de suma importância observar alguns passos que os pais/cuidadores podem seguir, que incluem: praticar a autoconsciência emocional, identificando seus próprios sentimentos e emoções; encontrar maneiras saudáveis de lidar com suas próprias emoções, com meditação, exercícios físicos ou conversas com amigos e familiares; modelar comportamentos emocionalmente saudáveis para seus filhos, demonstrando como lidar com emoções negativas de maneira construtiva;

criar um ambiente seguro e acolhedor para que seus filhos se sintam à vontade para expressar suas emoções; ensiná-los a identificar e expressar suas próprias emoções de maneira saudável e apropriada. Ao seguir essas práticas, os pais podem ajudar seus filhos a desenvolverem habilidades emocionais positivas e saudáveis, que os ajudarão a enfrentar desafios emocionais ao longo da vida.

Padrões de comunicação: efeitos da RE na família

A RE e a comunicação familiar estão interligadas (Duca *et al.*, 2023). Os padrões e dinâmicas de comunicação familiar desempenham um papel na definição de como os indivíduos regulam suas emoções, impactando as estratégias de RE na família, que, por sua vez, impactam a dinâmica familiar (Morris *et al.*, 2007). Padrões de comunicação eficazes que promovem o diálogo aberto, a empatia e a compreensão podem facilitar a RE saudável. Em contraste, padrões de comunicação deficientes caracterizados por atitude defensiva, predominância de raiva e de desrespeito podem dificultar a RE (Fosco & Grych, 2013; Jones, *et al.*, 2017). Desse modo, como os membros da família respondem às emoções uns dos outros pode impactar as estratégias de regulação empregadas. A regulação e a corregulação emocional (processo interacional) são processos que se desdobram no e por meio de múltiplos subsistemas familiares, principalmente na parentalidade e na conjugalidade, com efeitos no bem-estar (Silva & Ponciano, 2022). A corregulação é o meio principal em que pais fornecem apoio e estrutura, enquanto as crianças navegam em suas experiências emocionais (Paley & Hajal, 2022; Raposo & Francisco, 2022). Compreender os processos e as dinâmicas em nível familiar pode fornecer informações valiosas sobre o desenvolvimento de competências de RE e o seu impacto no bem-estar de cada membro da família ao longo da vida.

Como visto, do nascimento à morte, cada fase apresenta características e temas específicos que afetam a RE. Os pais/cuidadores são os principais responsáveis, mas podem contar com o apoio de amigos e parentes, além de poderem aprender com os próprios filhos, que estão amadurecendo e trazem novas informações. Para que essa responsabilidade não se torne uma carga demasiada, é importante lembrar que a RE se faz em um processo de corregulação, em conversas cotidianas que, em diferentes momentos da vida, aumentam a potência de padrões de comunicação familiar saudáveis.

Referências

ATKINSON, N. H.; JEAN, A. D.; STACK, D. M. Emotion regulation from infancy to toddlerhood: Individual and group trajectories of full-term and very-low-birthweight preterm infants. *Infancy*, 26(4), p. 570-595.

BERTIE, L. A.; JOHNSTON, K.; LILL, S. Parental emotion socialisation of young children and the mediating role of emotion regulation. *Australian journal of psychology*, 73(3), p. 293-305, 2021.

BREWER, S. K.; ZAHNISER, E.; CONLEY, C. S. Longitudinal impacts of emotion regulation on emerging adults: Variable-and person-centered approaches. *Journal of applied developmental psychology*, 47, p. 1-12, 2016.

CHUKWUORJI, J. C.; UZUEGBU, C. N.; CHUKWU, C. V.; IFEAGWAZI, C. M.; UGWU, C. Social support serves emotion regulation function in death anxiety among people living with HIV/AIDS. *South african journal of psychology*, 50(3), p. 395-410, 2020.

DUCA, D. S.; URSU, A.; BOGDAN, I.; RUSU, P. P. Emotions and emotion regulation in family relationships. *Revista romaneasca pentru educatie multidimensionala*, 15(2), p. 114-131, 2023.

FOMBOUCHET, Y.; PINEAU, S.; PERCHEC, C.; LUCENET, J.; LANNEGRAND, L. The development of emotion regulation in adolescence: What do we know and where to go next? *Social development*, 00, p. 1-16.

FOSCO, G. M.; GRYCH, J. H. Capturing the family context of emotion regulation: A family systems model comparison approach. *Journal of family issues*, 34(4), p. 557-578, 2013.

GROSS, J. J. Emotion regulation in adulthood: Timing is everything. *Current directions in psychological science*, 10(6), p. 214-219, 2021.

HAJAL, N. J.; PALEY, B. Parental emotion and emotion regulation: A critical target of study for research and intervention to promote child emotion socialization. *Developmental psychology*, 56(3), p. 403.

ISAACOWITZ, D. M. What do we know about aging and emotion regulation? *Perspectives on psychological science*, 17(6), p. 1541-1555, 2022.

JONES, S. M.; BODIE, G. D.; KOERNER, A. F. Connections between family communication patterns, person-centered message evaluations, and emotion regulation strategies. *Human communication research*, 43(2), p. 237-255, 2017.

MORRIS, A. S.; SILK, J. S.; STEINBERG, L.; MYERS, S. S.; ROBINSON, L. R. The role of the family context in the development of emotion regulation. *Social development*, 16(2), p. 361-388, 2007.

PALEY, B.; HAJAL, N. J. Conceptualizing emotion regulation and coregulation as family-level phenomena. *Clinical child and family psychology review*, 25(1), p. 19-43, 2022.

PARK, C. L.; WILLIAMS, M. K.; HERNANDEZ, P. R.; AGOCHA, V. B.; LEE, S. Y.; CARNEY, L. M.; LOOMIS, D. Development of emotion regulation across the first two years of college. *Journal of adolescence*, 84, p. 230-242, 2020.

PONCIANO, E. L. T. Relacionamento pais e filhos(as) da adolescência para a vida adulta: foco na saúde emocional. *In*: PONCIANO, E. L. T.; SEIDL-de-MOURA, M. L. (orgs). *Quem quer crescer*? Relacionamento pais e filhos(as) da adolescência para a vida adulta. Curitiba: CRV Editora, 2016. p. 13-39.

PONCIANO, E. L. T. A construção identitária de jovens universitários: uma perspectiva sistêmico-intergeracional. *In*: FÉRES-CARNEIRO, T. (org.). *Casal e família*: clínica, conflitos e afetos. PUC-Rio e Perspectiva, 2021. p. 145-171.

RAPOSO, B.; FRANCISCO, R. Emotional (dys) regulation and family environment in (non) clinical adolescents' internalizing problems: The mediating role of well-being. *Frontiers in psychology*, 13, p. 703-762, 2022.

SILVERS, J. A. Adolescence as a pivotal period for emotion regulation development. *Current opinion in psychology*, 44, p. 258-263, 2022.

YOUNG, K. S.; SANDMAN, C. F.; CRASKE, M. G. Positive and negative emotion regulation in adolescence: links to anxiety and depression. *Brain sciences*, 9(4), p. 76, 2019.

ZIMMERMANN, P.; IWANSKI, A. Emotion regulation from early adolescence to emerging adulthood and middle adulthood: Age differences, gender differences, and emotion-specific developmental variations. *International journal of behavioral development*, 38(2), p. 182-194, 2014.

10

A VIOLÊNCIA MORA LÁ EM CASA

ALGUMAS CONSIDERAÇÕES SOBRE VIOLÊNCIA CONTRA CRIANÇAS E ADOLESCENTES

A vitimização de crianças e adolescentes é um fenômeno complexo. Violência física, sexual, psicológica e negligência ameaçam o desenvolvimento saudável dessa população. Preocupam, especialmente, a violência doméstica e intrafamiliar. A prevenção exige políticas públicas integradas, fortalecimento familiar e uma cultura de respeito aos direitos humanos.

ELIANE BEZERRA E
LUCIANA CARVALHO

Eliane Bezerra

Psicóloga jurídica e clínica. Mestre em Hebiatria pela Universidade de Pernambuco. Doutoranda em Hebiatria pela Universidade de Pernambuco.

Contatos
draeliane.psico@gmail.com
81 99880 4155

Luciana Carvalho

Psicóloga. Tribunal de Justiça de Pernambuco.

Contato
lucianascarvalho@gmail.com

O cenário de vitimização de crianças e adolescentes, sendo um dos principais problemas da atualidade, é amplamente discutido e investigado em estudos acadêmicos. A maior preocupação reside no fato de representar ameaças significativas para o bem-estar e o desenvolvimento saudável desses indivíduos.

Entre os principais fatores associados ao fenômeno desse tipo de violência, destacam-se: desigualdades sociais, acesso limitado a serviços básicos, discriminação, conflitos armados, falta de suporte social, carência de apoio familiar e comunitário, bem como tráfico de pessoas e exploração sexual. As consequências da vitimização são abrangentes, podendo ter um impacto profundo e duradouro na vida de crianças e adolescentes.

A violência é uma constante na vida das crianças e adolescentes de todo o mundo. Manifesta-se em formas distintas e ocorre em diversos ambientes, como a residência, a escola, a comunidade e a internet. Em razão de sua magnitude, vem sendo considerada um grave problema de saúde pública em nível mundial. Atinge todas as classes sociais, gerando impactos na qualidade de vida das vítimas, em seus familiares e na sociedade como um todo (Minayo, 2017).

As formas de violência que acometem crianças e adolescentes são diversas e, em muitos casos, ocorrem simultaneamente. A classificação teórica considera os seguintes tipos: violência física, psicológica, negligência, trabalho infantil e violência sexual. Na primeira, ocorrem atos de agressão que podem levar a escoriações, hematomas, fraturas, queimaduras, esganaduras, hemorragias internas e até a morte. De difícil visibilidade, a violência psicológica atinge a vítima por meio de humilhações, ameaças e ridicularizações. Na negligência, os cuidados físicos, emocionais e sociais estão ausentes ou são insuficientes.

Mesmo na atualidade, muitas crianças são exploradas quando submetidas a um trabalho. É um tipo de situação que compromete o desenvolvimento saudável e tem sido atribuída à condição de pobreza de muitas famílias que necessitam da participação dos filhos no sustento da casa. A violência sexual é entendida como qualquer conduta que constranja a criança ou o adolescente a praticar ou presenciar conjunção carnal ou qualquer outro ato libidinoso, inclusive exposição do corpo em foto ou vídeo.

Infelizmente, ainda são recorrentes os casos em que, embora a violência seja comunicada às instituições, as vítimas não têm suas necessidades atendidas, além de serem expostas a outras formas de violência. Assim, as ações adotadas pela rede de proteção podem se caracterizar como revitimizantes. Muitas vezes, contribuem para a exposição da criança e do adolescente a novas situações de violação de direitos, caracterizando a violência institucional (Brasil, 2017).

Até tempos recentes, a violência contra crianças e adolescentes não tinha visibilidade em nossa sociedade. Na atualidade, houve grandes avanços na discussão desse grave problema. Chegou-se ao entendimento de que crianças e adolescentes são sujeitos de direitos, de modo que a violência, em qualquer de suas formas, representa uma violação desses direitos. Apesar desses avanços, o problema sempre existiu e, ainda hoje, se manifesta em grandes proporções (WHO, 2002).

Segundo a Organização Mundial da Saúde, acidentes e violências representam o maior problema de saúde pública entre crianças e adolescentes, sobretudo, nos países em desenvolvimento. Com base em estimativas, o número de crianças e adolescentes vitimizados por violência física, sexual, emocional e negligência, pode chegar a um bilhão de vítimas, anualmente, em todo o mundo (Fórum Brasileiro de Segurança Pública, 2023).

Para que se possa orientar o planejamento de políticas públicas, bem como articular estratégias de combate a esse tipo de violência, é fundamental entender quem são as principais vítimas, quem são os agressores e em que circunstâncias ocorrem esses crimes. Os dados mais recentes publicados pelo Fórum Brasileiro de Segurança Pública, em julho de 2023, confirmam o que a literatura especializada e a experiência de quem trabalha com defesa de direitos de crianças e adolescentes já enxergam com clareza: a violência contra crianças e adolescentes no Brasil é um crime predominantemente doméstico e familiar.

Nos crimes de maus-tratos e lesão corporal, a mãe, a madrasta, o pai, o padrasto ou outro familiar são os agressores em 90% dos casos. Outro dado relevante sobre a caracterização da violência infantojuvenil no Brasil diz respeito, especificamente, à violência sexual. Crianças e adolescentes menores de 14 anos são as maiores vítimas desse tipo de crime. Segundo os registros do crime de estupro no Brasil, 61,4% são referentes a menores de 13 anos de idade, portanto, vulneráveis em razão da idade. Esse dado confirma, mais uma vez, a prevalência de familiares como sendo os principais agressores. Em 64,4% dos casos de estupro de vulnerável, o acusado é um familiar da criança, sendo a residência o local mais comum desse tipo de ocorrência, resultando em 71,6% dos casos (Fórum Brasileiro de Segurança Pública, 2023).

Para agravar a situação, os crimes contra crianças e adolescentes são subnotificados, especialmente pela dinâmica envolvida no fenômeno, caracterizada por ausência de testemunhas, relação de afeto e poder existente entre vítima e agressor, presença de laços sanguíneos ou afetivos, pacto de silêncio entre vítima e agressor, ocorrência em ambiente familiar, culpabilização da vítima, sentimentos de medo e vergonha, além da naturalização da violência parental como prática educativa (Schek, 2018; Furniss, 2002).

Consequências negativas decorrentes de uma situação de vitimização são variadas, podendo resultar em danos físicos e psicológicos em crianças e adolescentes a curto, médio e longo prazo. Fatores como percepção da vítima em relação à violência, natureza e duração da exposição ao ato violento, relação entre agressor e vítima, rede de apoio e resposta social têm uma associação significativa com os efeitos da vitimização (WHO, 2002).

Na saúde mental, observa-se maior risco de tentativas repetidas de suicídio, transtorno de personalidade e uso precoce de substâncias lícitas ou ilícitas. Os impactos sociais na vida adulta podem ser percebidos nas dificuldades em estabelecer relacionamentos satisfatórios e estáveis, em expressar-se de forma afetuosa, e nas condutas parentais inadequadas. Pode haver, ainda, prejuízos significativos na autoimagem e na autoestima do indivíduo submetido a situações de violência na infância e na adolescência (Jerusha, 2018).

Apesar dos problemas citados, não podemos negar os importantes avanços nas políticas e legislações específicas que objetivam desenvolver estratégias e mecanismos de enfrentamento à violência infantojuvenil. Nesse aspecto, merece destaque a Lei n.º 13.010/14, conhecida como "Lei Menino Bernardo". O citado diploma legal garante o direito de crianças e adolescentes de serem educados e cuidados sem o uso de castigos físicos ou tratamento cruel, proibindo explicitamente o uso de qualquer forma de violência como método disciplinar. Já a Lei n.º 13.431/17 normatiza o sistema de garantia de direitos da criança e do adolescente vítimas ou testemunhas de violência.

Além disso, estabelece os critérios de escuta da vítima na rede de proteção (escuta especializada), e para a tomada de depoimento desse público às autoridades policiais e judiciárias (depoimento especial).

Somente após mais de três décadas da promulgação do Estatuto da Criança e do Adolescente (Lei n.º 8.069/1990), o Brasil criou uma legislação específica para prevenção e enfrentamento da violência doméstica contra crianças e adolescentes. Em maio de 2022, entrou em vigor a Lei n.º 14.344/22, conhecida como Lei Henry Borel. Inspirada na Lei n.º 11.340/06 (Lei Maria da Penha), seu propósito é promover estratégias mais céleres de proteção às vítimas. Para tanto, prevê a aplicação de medidas protetivas de urgência, entre elas, o afastamento imediato do agressor, além de medidas que o obriguem a frequentar programas de reeducação e acompanhamento psicossocial.

A citada lei propõe, ainda, um conjunto de medidas para subsidiar o sistema nacional de dados e informações relativo às crianças e aos adolescentes. Nesse sentido, determina que estatísticas sobre a violência doméstica e familiar contra crianças e adolescentes sejam incluídas nas bases de dados dos órgãos oficiais do sistema de garantia de direitos, do sistema único de saúde, do sistema único de assistência social e do sistema de justiça e segurança, de forma integrada, garantindo-se o sigilo das informações compartilhadas.

Observa-se, nas legislações mais recentes, a tentativa de promover ações protetivas mais integradas, especialmente aquelas que incluam a família. Na maioria dos casos, a vítima precisa permanecer inserida em seu ambiente familiar e social. Deve, no entanto, haver o necessário suporte para que familiares possam oferecer apoio às crianças e adolescentes. Somente assim, podem retomar o curso de suas vidas de forma protegida. O tratamento contínuo para a criança e sua família é, em muitos casos, necessário para minimizar os danos oriundos da vitimização. Esse acompanhamento é fundamental para a estabilização familiar e para a retomada do curso de vida (Zeanah & Humphreys, 2018).

A prevenção da vitimização de crianças e adolescentes requer uma abordagem abrangente. Exige também a implementação de políticas públicas eficazes, o desenvolvimento de programas educacionais e de conscientização, a disponibilização de suporte psicossocial adequado, o fortalecimento do núcleo familiar, a capacitação de profissionais envolvidos e a promoção de uma cultura de respeito e proteção aos direitos desse público.

Referências

BRASIL. Lei n.º 13.010, de 26 de junho de 2014. Altera a Lei n.º 8.069, de 13 de julho de 1990 (Estatuto da Criança e do Adolescente), para estabelecer o direito da criança e do adolescente de serem educados e cuidados sem o uso de castigos físicos ou de tratamento cruel ou degradante, e altera a Lei n.º 9.394, de 20 de dezembro de 1996. *Diário Oficial da União*, Brasília, DF, 27 jun. 2014.

BRASIL. Lei n.º 13.431, de 4 de abril de 2017. Estabelece o sistema de garantia de direitos da criança e do adolescente vítima ou testemunha de violência. *Diário Oficial da União*, Brasília, DF, 5 abr. 2017.

BRASIL. Lei n.º 14.344, de 24 de maio de 2022. Cria mecanismos para a prevenção e o enfrentamento da violência doméstica e familiar contra a criança e o adolescente. *Diário Oficial da União*, Brasília, DF, 25 mai. 2022.

FÓRUM BRASILEIRO DE SEGURANÇA PÚBLICA. *17.º Anuário Brasileiro de Segurança Pública*. São Paulo: Fórum Brasileiro de Segurança Pública, 2023. Disponível em: https://

forumseguranca.org.br/wp-content/uploads/2023/07/anuario-2023.pdf. Acesso em: 1 ago. 2023.

FURNISS, T. The burden of silence: sabbatean prophets and translations of sexual abuse. *Journal of child psychotherapy*, v. 28, n. 2, p. 275-296, 2002.

GONÇALVES, A. M. *Rede de Proteção*: desafios na intervenção com famílias e crianças em situação de violência sexual. 2015. 137 f. Dissertação (Mestrado em Psicologia) – Universidade Federal do Rio Grande do Sul, Porto Alegre, 2015.

JERUSHA, R. Impact of violence on children: Evidence from India. *In*: BHATT, C. *et al.* (eds.). *Child rights and wellbeing*: global challenges and local solutions. Singapore: Springer, 2018. p. 165-182.

MINAYO, M. C. de S. (org.). *Violência e saúde.* 3. ed. Rio de Janeiro: Editora Fiocruz, 2017.

ORGANIZAÇÃO MUNDIAL DA SAÚDE. *World report on violence and health:* summary. Geneva: World Health Organization, 2002.

SCHEK, G. Crimes contra criança e adolescente: subnotificação e desafios para a intervenção. *In*: CAMPOS, E. M.; LAGO, L.; RODRIGUES, M. (orgs.). *Violência, infância e adolescência*: uma tríade inseparável. São Paulo: Editora Letras Jurídicas, 2018.

ZEANAH, C. H.; HUMPHREYS, K. L. Developmental pathways from child maltreatment to adolescent substance use: examining child neglect and its effects on internalizing symptoms and externalizing problems. *Child maltreatment*, v. 23, n. 1, p. 42-53, 2018.

11

INTERVENÇÕES DO PEDAGOGO JURÍDICO NA EDUCAÇÃO PARENTAL DE FAMÍLIAS

O texto propõe uma discussão teórico-metodológica sobre a atuação do pedagogo em processos de família, com foco na aplicabilidade de conhecimentos e estratégias de mediação, orientação e construção de acordos entre as figuras parentais. Considerando a cientificidade da pedagogia e a relação entre as pedagogias jurídica e social, sinaliza uma possível aproximação conceitual da educação parental.

ERIKA CARLA JULIÃO E GIDAIR LOPES

Erika Carla Julião

Graduada em Pedagogia, psicopedagoga clínica e institucional, especialista em educação especial, psicomotricidade e educação a distância. Mestre em Educação pela Universidade Federal de Pernambuco. Atualmente, é pedagoga do Tribunal de Justiça de Pernambuco e professora colaboradora dos cursos de Pedagogia na modalidade EAD/UFRPE.

Contato
erikacvm@hotmail.com

Gidair Lopes

Graduada em Pedagogia. Pós-graduada em Metodologia no Ensino Superior. Especialista em psicopedagogia clínica e institucional e em psicomotricidade. Mestrado em Educação Profissional e Tecnológica pelo Instituto Federal de Pernambuco. Atualmente, pedagoga do Tribunal de Justiça do Estado de Pernambuco. Coordenadora do Núcleo de Apoio Psicossocial da Comarca de Paulista/PE.

Contato
gidalopes@hotmail.com

Erika Carla Julião & Gidair Lopes

A educação é um processo social, é desenvolvimento.
Não é a preparação para a vida, é a própria vida.
John Dewey

Pensar a pedagogia no contexto jurídico requer um movimento em direção às questões epistemológicas da própria pedagogia, à sua trajetória para se legitimar como ciência da educação. Nesse sentido, é importante reconhecer que a pedagogia encontra-se fundamentalmente ancorada na prática educativa, e seu fazer científico deve incidir sobre essa prática (Franco, 2003).

A prática educativa ocorre no contexto escolar, mas não apenas nele. Ocorre também em espaços não escolares, de convivência humana, como fenômeno educativo passível da intencional intervenção do pedagogo, o cientista da educação.

A pedagogia, portanto, é ciência que se ocupa do fenômeno educativo mais amplo, da educação que se dá para além do chão da escola. Logo, a práxis pedagógica vem legitimar o fazer do pedagogo nos variados espaços de Educação Não Escolar (ENE). Severo (2015) destaca que a pedagogia, sob a instituição de sua cientificidade e mediante a adoção de diálogos interdisciplinares, deve protagonizar as construções teórico-metodológicas que promovem a conversão das práticas formativas em espaços de ENE em práticas pedagógicas.

Conceitos como o de educação integral, educação ao longo da vida e educação social estão presentes no campo da pedagogia por se relacionarem com a ENE. Isso se dá, sobretudo, em virtude das perspectivas contemporâneas em torno da educação como formação humana. E é nesse contexto que se insere a denominada pedagogia jurídica.

Pedagogia social x educação social x pedagogia jurídica: conexões possíveis

A pedagogia jurídica precisa ser compreendida a partir de suas conexões teórico-conceituais com outros campos da Educação e da Pedagogia. Nos debates atuais, vêm sendo consideradas suas aproximações conceituais com a Pedagogia Social, que tem como objeto de estudo a educação social (Machado; Rodrigues; Severo, 2014).

A educação social abrange a perspectiva de formação do sujeito, considerando suas vulnerabilidades. As práticas pedagógicas não estão restritas aos moldes escolares, apesar da necessidade da intencionalidade comum a qualquer processo de ensino e aprendizagem. O que se propõe na educação social é uma intervenção voltada a esses grupos: mulheres, crianças, adolescentes, idosos, pessoas com deficiência, grupos minoritários. O trabalho do educador social se dá nos contextos sociais, com vistas ao resgate e promoção dos direitos desses sujeitos.

Pensar a educação social sob essa perspectiva, de práticas pedagógicas intencionais de formação de sujeitos em situação de vulnerabilidade, requer também pensar uma pedagogia social que se debruce sobre essas práticas educativas. A pedagogia social igualmente deve estar circunscrita aos contextos sociais excludentes onde tais práticas e tais sujeitos se encontram.

Há um ponto de convergência, portanto, entre a pedagogia social e a pedagogia jurídica, posto que esta última também se ocupa com o atendimento a um público de sujeitos que se encontram sob as mais diversas vulnerabilidades. No entanto, o ponto de distanciamento se dá pelas especificidades dos contextos em que ambas ocorrem: a pedagogia social, nos espaços de promoção de direitos de grupos vulneráveis; e a pedagogia jurídica, nos espaços de garantia de direitos desse mesmo público dentro do sistema de justiça. Portanto, ambas estão voltadas aos problemas que afetam a sociedade contemporânea, sob a perspectiva de "ampliação de consciência, reflexão e, especialmente, emancipação" (Almeida, 2020, p. 148).

O pedagogo jurídico e o trabalho nas equipes do Judiciário: intervenções junto aos grupos vulneráveis

Não por acaso, o pedagogo jurídico vem ocupando espaços nas equipes interprofissionais do Judiciário, compondo-as juntamente com psicólogos e assistentes sociais, e passando a atuar nos estudos e perícias referentes aos processos judiciais que contemplam grupos vulneráveis. Essas equipes são vinculadas às unidades judiciárias que lidam com processos envolvendo o público de crianças e adolescentes, idosos, mulheres etc.

Dada a longa trajetória da psicologia jurídica e da área sociojurídica, é possível identificar as contribuições desses campos às análises das situações, sobretudo às afetas aos pleitos de família. O pedagogo jurídico vem construindo um caminho a partir de discussões e proposições de atuação em tais demandas, com o objetivo de contribuir por meio dos seus saberes e práticas interventivas, bem como na realização de perícias pedagógico-jurídicas.

Trazer as temáticas de família para as discussões acerca da atuação do pedagogo jurídico implica considerar a realidade de que fazem parte das rotinas e práticas das varas de família as questões concernentes ao bem-estar mental e físico do público infantojuvenil. Nesse sentido, o trabalho com processos de família demanda, dos profissionais envolvidos, a observância do melhor interesse da criança e do adolescente, conforme defendem Mendes e Bucher-Maluschke (2019).

Devido à condição peculiar de pessoa em desenvolvimento e natural vulnerabilidade à qual se encontra exposto o público de crianças e adolescentes, estes são sujeitos da intervenção da Pedagogia Jurídica, inclusive nas ações afetas às famílias. Portanto, o trabalho do pedagogo jurídico nesse contexto precisa ocorrer na perspectiva protetiva em relação ao público infantojuvenil, e reflexiva e transformadora em relação à família, de modo que os pais ou substitutos consigam melhorar suas práticas parentais, com vistas ao bem-estar dos seus filhos. Segundo Carvalho *et al.* (2019), a parentalidade, compreendida como processo de interação entre pais e filhos, está relacionada ao comportamento daqueles ou de seus substitutos, visando ao pleno desenvolvimento de suas crianças ou adolescentes (p. 655). Portanto, deve o pedagogo jurídico lançar mão de estratégias de Educação Parental (EP) durante o estudo pedagógico-jurídico e a intervenção junto às famílias conflitivas.

A pedagogia jurídica e a EP: aproximações teórico-conceituais

Segundo Garcia, Yunes e Almeida (2016), a EP ainda é recente e pouco difundida no Brasil; todavia, as propostas de intervenção de EP diferem das ações de educação familiar, posto que apresentam especificidades como "a mediação e/ou orientação sobre as práticas educativas parentais e sobre a promoção do papel social responsável e protetivo da família na educação de crianças e adolescentes" (p. 95), situando-se no campo da educação e da pedagogia social.

A partir dessa contribuição teórica, identificamos mais um ponto de conexão teórico-conceitual da pedagogia jurídica com a pedagogia social. E, sob essa ótica, é possível reconhecer a EP como uma proposta educativa consonante com o trabalho do pedagogo jurídico nos processos de família.

Por óbvio, semelhante ao que ocorre quando se pretende estabelecer conexões da pedagogia jurídica com a educação e com a pedagogia social, pensar nas estratégias de EP enquanto intervenção do pedagogo jurídico requer o respeito às especificidades do Judiciário, cujo contexto possui tempos e espaços que lhes são próprios.

Assim, a intervenção em EP que se desenvolve em contextos sociais excludentes deve obedecer a objetivos e metodologias próprias. Ao ser aplicada pelo pedagogo jurídico nas demandas afetas à família, deverá ser compatível com os tempos e espaços do Judiciário demandando ajustes metodológicos, sem negligenciar seus objetivos, sendo o principal deles o de auxiliar os pais no seu papel de educador, mediante desenvolvimento de habilidades e competências com vistas ao fortalecimento de suas práticas educativas junto aos filhos (Garcia; Yunes; Almeida, 2016).

É possível enxergar que, no contexto jurídico, o pedagogo é o profissional apto a desenvolver as estratégias de EP, conquanto detém os conhecimentos que o habilitam à mediação das práticas educativas parentais, os quais advêm da junção dos estudos realizados durante sua formação inicial e dos saberes específicos referentes às temáticas que envolvem sua atuação no Judiciário: família, infância e juventude etc.

A EP e a perspectiva reflexiva, mediadora e transformadora da intervenção do pedagogo jurídico nas demandas de família

A EP pode ser compreendida como um conjunto de conhecimentos e estratégias que podem colaborar para que os pais possam cumprir seu papel educativo. Percebe-se, atualmente, diante das mudanças que vêm ocorrendo nas famílias, a necessidade de orientar os pais para que favoreçam o desenvolvimento acadêmico, social e afetivo de seus filhos (Grzybowski & Wagner, 2010).

Em contextos de litígio parental, quando as relações estão conturbadas com a judicialização de ações de guarda, há, em muitos casos, um processo desgastante para as crianças e adolescentes, os quais se tornam objeto de disputa. Fatores socioemocionais que permeiam a ruptura da conjugalidade acabam por comprometer a capacidade de os pais exercerem a parentalidade responsável, passando a negligenciar o bem-estar dos filhos.

Nessas situações, é fundamental investir em estratégias de EP. Entretanto, a intervenção na parentalidade em processos de dissolução conjugal não objetiva tornar os pais aprendizes de pedagogos ou oferecer-lhes um padrão de comportamento em relação aos filhos (Carvalho *et al.*, 2019), mas auxiliá-los a refletir sobre a nova realidade, interpretando-a e colocando no centro desse processo a criança e o adolescente.

A literatura mostra que, nas discussões acerca de separação conjugal, a guarda dos filhos vem sendo considerada sob a perspectiva de compartilhamento de deveres e direitos dos pais, privilegiando a parentalidade colaborativa em contraposição à lógica adversarial (Fürst, 2016). É preciso, portanto, analisar as práticas parentais nos novos contextos familiares, pois elas repercutem no relacionamento entre pais e filhos, influenciando diretamente no desenvolvimento de crianças e adolescentes. (Grzybowski & Wagner, 2010).

A EP, nesse sentido, pode contribuir para informar, orientar e oferecer suporte aos pais, com vistas a atenuar possíveis sofrimentos decorrentes de longos processos judiciais. Ela pode ser uma possibilidade de oferecer reflexões para que os pais analisem as suas práticas parentais, implicando-se no processo de educar numa perspectiva integral, identificando sua rede de apoio familiar e extrafamiliar, por exemplo. As estratégias de EP podem colaborar para o exercício da parentalidade com base em práticas positivas (Galvão & Marques, 2018; Rodrigues, 2019). Reitera-se a necessidade de trazer a perspectiva interventiva da EP em contextos sociais excludentes para o âmbito do Judiciário, com as devidas adaptações metodológicas.

Em pesquisa realizada em 2016, Garcia, Yunes e Almeida apresentam uma das primeiras iniciativas de realizar um programa de EP no Brasil voltado a famílias em situação de risco, selecionadas com o apoio de agentes da rede socioassistencial do município de Rio Grande (RS). O programa adotou a seguinte metodologia: encontros grupais com os membros da família e encontros individuais com os pais e filhos, divididos em 12 sessões de 2 horas, com conteúdos trabalhados em 5 módulos temáticos: 1) Desenvolvimento do vínculo afetivo; 2) Conhecendo os filhos: necessidades da criança e desenvolvimento infantil; 3) Aprender a lidar com o comportamento infantil; 4) A primeira relação com a escola; e 5) Educar: uma tarefa solitária? (p. 98).

Vê-se, portanto, que o trabalho do pedagogo jurídico nos processos judiciais comporta os princípios da EP quanto à reflexão, mediação e orientação com vistas à emancipação dos sujeitos para a transformação de suas realidades. Quando da intervenção junto às famílias em conflito, o pedagogo deve assumir o seu papel de mediador das práticas educativas, com proposta de intervenção embasada na teoria vygotskyana e na pedagogia freireana, as quais concordam que a aprendizagem e o desenvolvimento decorrem de relações mediadas (Silva, 2014). Tal proposta não pode prescindir de adaptações metodológicas, em respeito aos tempos e espaços do Judiciário, mas deve manter-se fiel aos objetivos, conteúdos e princípios da EP.

Considerações finais

A atuação de pedagogos nas equipes multidisciplinares do Judiciário já existe há mais de duas décadas. Trata-se de um trabalho no âmbito da educação não escolar, o qual mantém aproximações teórico-conceituais com a educação e a pedagogia social. Suas especificidades são determinadas pelo contexto no qual se dão as práticas educativas, notadamente o Judiciário, constituindo-se, assim, como pedagogia jurídica. No trabalho pedagógico voltado às demandas de família, o pedagogo jurídico é um profissional apto a utilizar os princípios e estratégias de educação parental nas perícias e intervenções junto às famílias em litígio, sob a perspectiva de reflexão, orientação e mediação; com necessários ajustes metodológicos que respeitem os tempos e espaços do Judiciário, conforme as discussões preliminares propostas neste texto.

Referências

ALMEIDA, F. A. A pedagogia social e sua importância na luta pela democratização das oportunidades e no combate à exclusão social. *In*: ALMEIDA, F. A. *Políticas públicas, educação e diversidade*: uma compreensão científica do real. Guarujá: Editora Científica Digital, 2020.

CARVALHO, O. *et al.* O valor das práticas de educação parental: visão dos profissionais. *Ensaio*: aval. pol. públ. educ., Rio de Janeiro, v. 27, n. 104, p. 654-684, jul/set. 2019.

FRANCO, M. A. S. *Pedagogia como ciência da educação.* Campinas: Papirus, 2003.

FÜRST, O. *Práticas colaborativas:* novos paradigmas do Direito. Porto Alegre: Imprensa Livre, 2016.

GARCIA, N. M.; YUNES, M. A. M.; ALMEIDA, A. M. T. Educação parental e pedagogia social: avaliação de uma proposta de intervenção. *Educação*, v. 39, n. 1, p. 94-104, 2016.

GRZYBOWSKI, L. S.; WAGNER, A. O envolvimento parental após a separação/divórcio. *Psicol reflex crit* [Internet], 23(2): p. 289-98, 2010. Disponível em: https://doi.org/10.1590/S0102-79722010000200011. Acesso em: 10 set. 2023.

MENDES, J. A. A. M.; BUCHER-MALUSCHKE, J. S. N. F. Famílias em litígio e o princípio do melhor interesse da criança na disputa de guarda. *Interação em psicologia*, Curitiba, v. 23, n. 3, dez. 2019. ISSN 1981-8076. Disponível em: https://revistas.ufpr.br/psicologia/article/view/58060/39904. Acesso em: 20 jun. 2023.

MACHADO, E. R.; RODRIGUES, M. F.; SEVERO, J. L. R. L. Pedagogia, pedagogia social e educação social no Brasil: intercruzamentos, tensões e possibilidades. *Interfaces científicas educação*, v. 3, n.1, 11- 20, 2014.

RODRIGUES, M. F. C. *Efeitos de um programa preventivo de orientação parental com base em práticas positivas.* 2019. 72 f. Dissertação (Mestrado em Distúrbios do Desenvolvimento) – Universidade Presbiteriana Mackenzie, São Paulo, SP, 2019.

SEVERO, J. L. R. L. Educação não escolar como campo de práticas pedagógicas. *Rev. bras. estud. pedagog.* (on-line), Brasília, v. 96, n. 244, p. 561-576, set/dez, 2015.

SILVA, A. Z. B. *As relações de mediação, aprendizagem e desenvolvimento humano:* um diálogo entre Vigotski e Paulo Freire. Dissertação (Mestrado) – Universidade Federal do Maranhão, Programa de Pós-graduação Cultura e Sociedade, 2014.

12

GUARDA COMPARTILHADA
IMPACTOS DO GÊNERO NO EXERCÍCIO DA PARENTALIDADE

A guarda compartilhada objetiva uma participação igualitária do pai e da mãe no cuidado e na educação dos filhos. A efetivação desse compartilhamento tem sido um desafio para muitas famílias. Entre os entraves, estão as questões referentes às relações de gênero. É necessário romper com a visão de que a função de cuidado é exclusiva da mulher, buscando-se uma maior participação paterna no exercício da parentalidade.

FABIANA GOMES E
LUIZA BARROS

Fabiana Gomes

Assistente social graduada pela Universidade Federal de Pernambuco (UFPE). Atua há 11 anos como analista judiciária – assistente social do Tribunal de Justiça de Pernambuco, lotada no Centro de Apoio Psicossocial (CAP), que, atualmente, está vinculado às 14 varas de família da capital.

Contato
fabiana.gomes@tjpe.jus.br

Luiza Barros

Formada em Serviço Social pela Universidade Federal de Pernambuco (UFPE). Pós-graduada em Família e Intervenções Psicossociais pela ESUDA. Analista judiciário – assistente social do Tribunal de Justiça de Pernambuco, lotada no Centro de Apoio Psicossocial (CAP), que, atualmente, está vinculado às 14 varas de família da capital.

Contato
luiza.santos@tjpe.jus.br

Quando um relacionamento conjugal chega ao fim, muitas questões precisam ser reorganizadas e redefinidas entre o ex-casal conjugal; entre essas coisas está a guarda dos filhos menores de idade.

No ordenamento jurídico brasileiro, desde 2014, quando foi sancionada a Lei n.° 13.058, a regra é o estabelecimento da guarda compartilhada dos(as) filhos(as), salvo algumas exceções que justifiquem a adoção de outro modelo de guarda. O objetivo da instituição da guarda compartilhada é a participação dos pais em nível de igualdade nas decisões que se relacionem aos filhos, buscando evitar conflitos e litígios desnecessários.

No entanto, o que observamos em nossa prática profissional como peritas sociais em varas de família, é que, muitas vezes, o estabelecimento da guarda compartilhada não é o suficiente para garantir o engajamento e a participação de ambos os pais nos cuidados e educação dos filhos de maneira equilibrada. Cabe à mulher/mãe a maior parte das atribuições de cuidados cotidianos com a prole. Mas por que isso acontece?

Antes de discutirmos especificamente sobre guarda compartilhada, precisamos compreender que as relações familiares e os papéis que cada membro da família[1] desempenha é algo social e

1 Consideramos o conceito de família segundo o Programa Nacional de Assistência Social (2004:25) como "o grupo de pessoas que se acham unidas por laços consanguíneos, afetivos e/ou de solidariedade".

culturalmente construído, e que, em sua dinamicidade, evolui e se modifica ao longo do tempo.

Como contextualizam Guedes e Daros (2009), historicamente, os papéis reservados ao homem e à mulher em nossa sociedade, por muitas décadas, era de homem provedor da família, voltado para a vida pública, ao mundo do trabalho; e a mulher como cuidadora da família, responsável por todas as atividades relacionadas a isso, como alimentação, higiene e cuidados com os membros mais frágeis, seja por questões de idade, seja por questões de adoecimento.

Nesse contexto, parecia coerente que os filhos permanecessem sob os cuidados maternos, ao término da relação conjugal. E que ao pai coubesse o pagamento de pensão alimentícia (continuação do papel de provedor) e convivência com os filhos nos finais de semana e feriados (como geralmente ocorria mesmo na vigência do casamento).

A guarda unilateral materna era a regra então, alimentada por inúmeros estudos que falavam da importância do papel materno na vida dos filhos[2] e na crença social, histórica e culturalmente construída de que ninguém pode cuidar da criança como a mãe.

Com a mulher assumindo o espaço público e atuando em diversos outros papéis sociais, especialmente no âmbito profissional, o modelo tradicional de família, no qual a mãe é responsável pelos cuidados e destina-se à figura paterna o lugar de provedor financeiro, está sendo revisto. Atualmente, há uma compreensão da importância de maior engajamento

---

2 Importante ressaltar que estudos sobre a importância da presença paterna na vida dos filhos passaram a ter maior ênfase a partir do início do século XXI. BERNARDI (2017) afirma que: "Apesar do conceito acerca da qualificação do cuidado materno permanecer atual, estudos têm revelado a importância que a presença do pai tem na vida do filho, e apontado os diversos prejuízos que a ausência paterna pode trazer para o desenvolvimento infantil (Amiralian, 2014; Eizirik & Bergmann, 2004; Sganzerla & Levandowski, 2010)".

paterno no cuidado dos filhos, e esse reconhecimento de papéis compartilhados influenciou o processo de guarda unilateral.

Nos processos de guarda unilateral, um dos pais é designado como responsável pela guarda e cuidados principais da criança, enquanto o outro tem direito a visitas regulares. A guarda unilateral costumava ser considerada como a melhor opção para os filhos, com a justificativa de que proporciona maior estabilidade e segurança emocional.

No entanto, estudos recentes têm indicado que, mesmo após a separação conjugal ou divórcio, a participação equilibrada de ambos os pais na rotina dos filhos pode trazer benefícios significativos para o desenvolvimento deles.

A guarda compartilhada, então, é instituída como um caminho possível para o alcance da preservação dos vínculos afetivos e fortalecimento das suas relações familiares, pois é uma modalidade de guarda na qual os pais dividem igualmente a responsabilidade de cuidar e educar a prole. Além disso, a guarda compartilhada também representa uma forma de ressignificar o papel das famílias, promovendo a desconstrução de estereótipos de gênero e a valorização da coparentalidade. Trazemos a reflexão do professor Montenegro (2019) que afirma:

> Quando se fala em cuidado, a figura da mulher continua sendo "naturalmente" identificada no imaginário social como responsável, sob a justificativa dos "atributos femininos" serem mais adequados para tais tarefas. Sabe-se, através dos estudos feministas, que essas visões são decorrentes das construções sócio-históricas e econômicas das desigualdades entre os sexos nas relações sociais, presentes historicamente nas opressões vigentes em uma sociedade patriarcal.

Nesse sentido, para o bom funcionamento da modalidade de guarda compartilhada, é imperativo o rompimento com a visão tradicional de que a mãe é a única responsável pelo cuidado da prole, buscando-se uma maior participação paterna na vida das crianças.

Essa participação paterna precisa ser efetiva, principalmente nos momentos em que os filhos estão sob sua responsabilidade, pois muitas vezes esses pais terceirizam para outras mulheres (atual esposa/companheira, avó paterna, tias) essas tarefas de cuidado. Esse movimento reforça o estereótipo de que apenas as mulheres conseguem exercer a parentalidade.

É importante ressaltar que, apesar dos benefícios da guarda compartilhada, seu sucesso depende da maturidade e do comprometimento dos pais em dividir as funções parentais, de forma a colocar os interesses dos filhos em primeiro lugar, mas também não sobrecarregar uma das partes.

De acordo com estudo realizado pelo IBGE em 2021, o tempo dedicado pelas mulheres aos afazeres domésticos e ao cuidado é quase o dobro do tempo que os homens (21,4 horas contra 11 horas). Ou seja, ainda que introduzidas ao mercado de trabalho, as mulheres ainda protagonizam a responsabilidade por atividades domésticas e dos(as) filhos, muitas vezes conciliando essas tarefas com a vida profissional.

Essa sobrecarga de trabalho, socialmente invisibilizada, afeta direta e indiretamente a vida das mulheres, em especial as que exercem a maternidade, pois, além de lidarem com as atividades no espaço público e privado, ainda se deparam com o surgimento de problemas de saúde física e mental. A predisposição dessas mulheres/mães para a exaustão física e emocional é alarmante, sem contar a ausência de tempo e energia para investimentos na capacitação profissional e no desenvolvimento pessoal. Compreendemos, assim, que a responsabilidade pelos filhos impacta diretamente na autonomia, ascensão social, saúde mental, inserção no mercado de trabalho e, por consequência, geração de valor social distinto ao dos homens.

Considerando como pressuposto que o cuidado não deve ser uma função exclusivamente feminina, percebemos, em nosso cotidiano profissional, que há uma reprodução de desigualdades na organização social de cuidado que se acentua no período de separação conjugal. Durante as intervenções iniciais com essas famílias que decidem pelo caminho da judicialização, observamos o desejo e concordância pela modalidade de guarda compartilhada dos filhos. Entretanto, fica evidente a ocorrência de diversos equívocos na compreensão sobre o funcionamento dessa modalidade.

Muitos pais acreditam que a guarda compartilhada significa que ambos os genitores terão um tempo igualitário com o filho, como ocorre na guarda alternada, e pode mesmo ocorrer na guarda compartilhada, mas não é uma regra. Outro ponto que gera equívocos diz respeito à isenção do pagamento da provisão pecuniária, ou seja, alguns pais inferem que ao dividir responsabilidades e tempo de forma mais equânime, a pensão alimentícia poderá não ser paga, só precisando assumir os gastos dessa criança quando sob sua responsabilidade.

Há, ainda, os que veem na guarda compartilhada um instrumento de poder, a fim de que possam decidir, juntamente com a genitora, sobre questões relacionadas ao filho, como escola em que irão estudar, por exemplo; mas principalmente poder para impedir o veto da genitora à convivência paterna.

Todas essas motivações para solicitar a guarda compartilhada judicialmente, observadas nos casos analisados cotidianamente, nos mostram que, muitas vezes, não é essa divisão igualitária de responsabilidades e de cuidados com os filhos que os pais almejam. Embora essa construção de uma nova forma de vivenciar os papéis parentais esteja em constante evolução, ainda há muito o que se avançar em direção a uma coparentalidade de fato, com divisão igualitária de atribuições e responsabilidades em relação aos filhos.

Considerações finais

A guarda compartilhada tem se tornado uma opção cada vez mais relevante na tentativa de assegurar o direito das crianças a uma convivência equilibrada e saudável com ambos os genitores. Embora a referida modalidade seja fruto de avanços societários, na qual os papéis parentais estão sendo redefinidos e valorizados, visando-se a participação ativa de ambos os pais na vida dos filhos, na prática, nos deparamos com dinâmicas familiares nas quais as funções parentais permanecem recaindo para as mães.

A compreensão de que a maternidade e a função de cuidado são fenômenos destinados exclusiva ou majoritariamente ao universo feminino deve ser rompida. É necessário abrir espaço para o entendimento de que, por mais que socialmente haja uma hierarquização dos papéis pautadas nas relações de gênero, cabe aos homens também o lugar de cuidado. Sendo assim, é imperativo que as figuras paternas conjuguem esforços para que nos períodos de convivência assumam um papel de cuidado ao filho.

Destarte, no nosso entendimento, a igualdade do exercício parental só será, de fato, alcançada, quando os homens se tornarem também protagonistas nas diferentes áreas da vida da criança, tais como saúde, educação, cuidados básicos diários, formação, sustento e segurança. Tal participação efetiva trará benefícios a todos os envolvidos, uma vez que possibilitará o fortalecimento de vínculos afetivos e identitários entre pai e filho, como também possibilitará que a mãe tenha espaço para cuidar da sua saúde mental e desenvolver projetos e potencialidades para além da maternidade.

Referências

BERNARDI, D. Paternidade e cuidado: "novos conceitos", velhos discursos. *Psic. Rev. São Paulo*, vol. 26, n.1, p. 59-80, 2017.

BRASIL. 2021. Instituto Brasileiro Geografia e Estatística – IBGE. *Estatísticas de gênero*: indicadores sociais das mulheres no Brasil. 2. ed. Disponível em: https://biblioteca.ibge.gov.br/visualizacao/livros/liv101784_informativo.pdfr. Acesso em: 20 ago. 2023.

BRASIL. Lei nº 13.058 de 22 de dezembro de 2014, que estabelece o significado da expressão "guarda compartilhada" e dispõe sobre sua aplicação. *Diário Oficial da União*, Brasília/DF, 23/12/2014. Disponível em: https://www.planalto.gov.br/ccivil_03/_Ato2011-2014/2014/Lei/L13058.htm. Acesso em: 29 jul. 2023.

CISNE, M.; SANTOS. S. M. M. *Feminismo, diversidade sexual e serviço social.* São Paulo: Cortez Editora, 2018.

GARCIA, B. C.; MARCONDES, G. S. As desigualdades da reprodução: homens e mulheres no trabalho doméstico não remunerado. *Revista brasileira de estudos de população*, v. 39, p.1-20, 2022.

GARCIA, B. C.; MARCONDES, G. S. As desigualdades da reprodução: homens e mulheres no trabalho doméstico não remunerado. *Rev. brasileira de estudos de população*, v. 39, 1-20, e0204, 2022.

GUEDES, O. S.; DAROS, M. A. O cuidado como atribuição feminina: contribuições para um debate ético. *Serv. soc. rev.*, Londrina, v. 12, n.1, p. 122-134, jul/dez, 2009.

LUZ, P. M. *Lei 13.058/2014 e a obrigatoriedade da guarda compartilhada: respeito ao princípio do melhor interesse da criança?* Disponível em: https://goo.by/xJFTB. Acesso em: 2 ago. 2023.

MONTENEGRO, R. C. de F. Mulheres e cuidado: responsabilização, sobrecarga e adoecimento. *Anais do XVI encontro nacional de pesquisadores em serviço social*, [s. l.], v. 16, Ed. 1, 21/05/2019. Disponível em: https://www.periodicos.ufes.br/abepss/article/view/22440. Acesso em: 15 jul. 2023.

POLÍTICA NACIONAL DE ASSISTÊNCIA SOCIAL – PNAS/2004. Brasília: Ministério do desenvolvimento Social e Combate à Fome – Secretaria Nacional de Assistência Social, 2005.

13

O ESSENCIAL É INVISÍVEL AOS OLHOS

A AVALIAÇÃO SOCIAL DAS FAMÍLIAS NO CONTEXTO DO JUDICIÁRIO

Neste capítulo, trazemos uma visão crítica sobre o conceito de família, compreendendo-a como uma instituição que se transforma nos contextos sociais e históricos em que está inserida. Abordaremos elementos significativos para o estudo social das famílias em processo de litígio, e os aspectos relevantes para a análise do profissional de serviço social que atua nas varas de família.

INGRID MOURA E
ITALA RODRIGUES

Ingrid Moura

Assistente social graduada pela Universidade Federal de Pernambuco (UFPE), pós-graduada em Políticas Sociais Integradas pelo Centro Universitário Estácio Recife, analista judiciário/assistente social do Tribunal de Justiça de Pernambuco, lotada no Centro de Apoio Psicossocial (CAP), atuando junto às 14 varas de família da capital.

Contato
ingrid.moura@tjpe.jus.br

Itala Rodrigues

Assistente social graduada pela Universidade Federal de Pernambuco (UFPE) e, há 10 anos, servidora pública do Tribunal de Justiça de Pernambuco (TJPE). Exerce o cargo de analista judiciária/assistente social no Centro de Apoio Psicossocial (CAP), que atende as 14 varas de família da capital(Recife). Atua com famílias em âmbito sociojurídico e apresenta experiência profissional com articulação institucional, infância, juventude e adoção. Exerce a "dor e a delícia" de ser mulher, mãe de Yohan e Tom (amorzinhos de mainha), artista e estudante. Entusiasta das experiências humanas e sociais que geram transformação da realidade. Em pós-graduação na temática de Projetos Sociais e Políticas Públicas pela Faculdade de Ciências Humanas (ESUDA). Dedica este capítulo aos pais, Vania e Luiz (com carinho), familiares, às amizades e parcerias nesta troca dialética de afeto, apoio e liberdade.

Contato
itala.ona@tjpe.jus.br

Na sociedade contemporânea, as famílias vêm passando por transformações estruturais e nas funções desempenhadas por seus membros. As mudanças nas relações entre homens e mulheres acarretaram novos arranjos familiares, e a tradicional estrutura da família e/ou as funções parentais já não são unívocas (Chapadeiro, Serralha, & Hueb, 2017). Tomamos por base a compreensão da família como uma instituição mutável, localizada em determinado contexto sócio-histórico, e intrinsecamente relacionada ao modo de produção capitalista vigente[1].

Bruschini, sobre o conceito de família, considera a lógica da mutabilidade e não naturalidade, contrapondo-se à ideia evolucionista e a histórica desta instituição. Assim, a família se apresenta de forma particular em cada momento histórico e sociedades distintas. Atribuir à família aspectos relacionados à harmonia, estaticidade, neutralidade, reduz o olhar sobre esta instituição, mascarando circunstâncias na correlação de forças vivenciadas entre os entes, quanto à hierarquia, gênero, raça, poder econômico e questões geracionais.

A família nuclear moderna, ao fomentar valores como afeto, cuidado, amor, traz, pioneiramente (enquanto modelo de sociedade), estes fatores como intrínsecos e centrais a toda unidade doméstica e sociofamiliar. A partir de meados da década de 1970, as reflexões sobre essa instituição ganham espaço, e os papéis

1 Ver mais em: *Capitalismo monopolista e serviço social*, de José Paulo Netto.

sociais desempenhados por homens e mulheres permanecem diferenciados, porém, a mulher passa a acumular também as demandas inerentes à sua inserção no mercado de trabalho, além de esposa e mãe.

As transformações societárias, advindas das lutas emancipatórias pela democracia e garantia dos direitos sociais, evidenciou novas configurações familiares, exigindo a implementação de políticas sociais públicas para responder a essas novas demandas. Neste cenário, juridicamente, o Estado institui a possibilidade do reconhecimento dos filhos havidos fora do casamento, o surgimento de famílias homoafetivas, monoparentais, chefiadas por mulheres, dentre outras formatações, e, ao mesmo tempo, regulamenta intervenções que limitam a autonomia privada familiar, a exemplo da limitação do poder familiar (Arts. 1.637 e 1.638 do Código Civil), a proteção contra a alienação parental (Lei n.º 12.318/2010) e a castigos imoderados (Lei n.º 13.010/2014), a tutela dos interesses das pessoas com deficiência (Lei .nº 13.146/2015), dentre outros (Amorim, 2021).

Em resposta às expressões da questão social, as famílias ganham centralidade nas políticas sociais brasileiras, incluindo em seus princípios e diretrizes, a perspectiva de proteção social (para além do caráter punitivista), conforme estabelecido no artigo 227 da Constituição Federal e no Estatuto da Criança e do Adolescente em seu artigo 4.º, assim como no estabelecimento da matricialidade sociofamiliar na Política Nacional de Assistência Social[2]. A sociedade democrática amplia e complexifica a atuação do Poder Judiciário enquanto instância de mediação dos conflitos, sendo as varas de família responsáveis por julgar litígios, como divórcios, investigação de paternidade, ações de guarda, convivência familiar etc.

---

2 O termo matricialidade sociofamiliar se refere à centralidade da família como núcleo social fundamental para a efetividade de todas as ações e serviços da Política Nacional de Assistência Social (PNAS, 2005).

O Instituto Brasileiro de Direito de Família (IBDFAM) divulgou dados do IBGE que registraram 386,8 mil casos, no ano de 2021, indicando que o número de divórcios é crescente em nosso país. Esse aumento irá repercutir na ampliação de demandas às varas de família. Nesse cenário, compreendemos que o rompimento conjugal vai impactar em diversos aspectos na vida dos sujeitos envolvidos quanto à organização do cotidiano, vida financeira, convivência familiar e sociocomunitária, sobretudo quando há filhos em comum.

Os conflitos nesses processos, quando não solucionados em âmbito privado, chegam ao judiciário a fim de solucioná-los. Cada vez mais, requisita-se a avaliação de profissionais especializados nos processos de família, e a complexidade dos casos e o grau de litígio demandam avaliações técnicas que extrapolam os limites das ciências jurídicas. Assim, magistrados requisitam estudos e pareceres a exemplo da psicologia e do serviço social para produção de relatórios/laudos. No que se refere ao profissional de serviço social, cabe:

> [...] definir os meios necessários para atingir a finalidade de sua ação [...] quais conhecimentos deve acessar e em que nível vai aprofundá-los; se necessita realizar entrevistas, com quem e quantas pessoas (por exemplo, com a criança, o adolescente, o pai, a mãe, outro adulto, responsáveis pela escola ou outro equipamento social que frequentam etc.), se deve realizar visitas domiciliares e/ou institucionais, se precisa estabelecer contatos variados com a rede familiar e a rede social, se deve consultar material documental e bibliográfico e quais. (Fávero, 2009, p. 626)

É atribuição privativa do serviço social "realizar vistorias, perícias técnicas, laudos, pareceres sobre a matéria de serviço social", observando o código de ética profissional, referências técnicas, e aquelas expressas no projeto ético-político da categoria. A atuação vai além da busca pela "verdade" dos fatos, incorporando à sua análise a interpretação do que se apresenta (Gois, 2019), repercutindo nas intervenções e nos instrumentais adotados para compreensão da realidade. Sobre o trabalho do assistente social com família, Mioto aponta que é necessário:

> [...] desvincular a satisfação das necessidades sociais à competência ou incompetência individual/ das famílias. Ou seja, compreendendo os processos familiares como uma construção singular, arquitetada na família, no entrecruzamento das múltiplas relações, que condicionam e definem a dinâmica familiar [...]. O desafio é buscar como essa dinâmica é definida pela multiplicidade de fatores que incide sobre ela e, portanto, exige uma análise aprofundada entre a estrutura de proteção que as famílias apresentam e a estrutura necessária para que elas possam fazer frente às suas necessidades nos diferentes momentos e situações de vida. Adota-se como carro-chefe para o conhecimento das famílias a categoria das necessidades humanas e a sua estrutura de cuidado e proteção, ao invés do inventário e história de seus problemas e dificuldades. Enfim, entende que a responsabilidade da proteção social não está restrita às famílias e, portanto, a solução dos mesmos extrapola as suas possibilidades individuais. Condiciona a proteção social, exercida pela família, ao acesso à renda e ao usufruto de bens e serviços de caráter universal e de qualidade. (Mioto, 2010).

A análise requer uma escuta qualificada e atenta ao contexto sócio-histórico das famílias, abarcando as demandas sociais que impulsionaram a necessidade de avaliação técnica. Nos casos de regulamentação de guarda e de visitas, por exemplo, o profissional irá se atentar a algumas questões: o atendimento às necessidades básicas da criança/adolescente, o acesso à convivência familiar e sociocomunitária, a avaliação da efetividade do exercício parental quanto às responsabilidades envolvidas na distribuição de tarefas, rotina e cuidados, acompanhamentos de saúde e escolar, as relações junto à família extensa e socioafetivas etc.

A intervenção se debruça nas violações de direitos, e abrange encaminhamentos para inserção na rede de serviços e/ou benefícios disponíveis nas políticas públicas. O profissional realiza orientações técnicas a fim de minorar os impactos vivenciados pelas famílias em processos de ruptura conjugal.

A avaliação social extrapola a análise socioeconômica e inclui aspectos territoriais, culturais, correlação de forças no acesso a direitos, divisão sexual do trabalho doméstico, quebra de acordos e dificuldade de diálogo das partes. Contribui para o desvelamento das particularidades dos litígios e lança o olhar para o exercício das atividades do cotidiano, geralmente invisibilizadas, não remuneradas, desvalorizadas socialmente, e presentes, sobretudo, na rotina das mulheres[3]. Compreendemos que tais condicionantes podem interferir na qualidade do acesso à justiça de família e no contexto resolutivo das demandas.

Outro aspecto relevante consiste no exercício do poder familiar[4], quanto aos seus limites e potencialidades, em que algumas contradições são evidenciadas e sinalizam prejuízos às crianças e adolescentes. Podemos apontar a flexibilização das regras e limites, gerando permissividade excessiva, para fins de benefícios na relação parental. Assim, crianças e adolescentes, enquanto sujeitos de direitos, em vez de serem acompanhados

3 "A maioria dos domicílios no Brasil é chefiada por mulheres. Dos 75 milhões de lares, 50,8% tinham liderança feminina, o correspondente a 38,1 milhões de famílias. Já as famílias com chefia masculina somaram 36,9 milhões. As mulheres negras lideravam 21,5 milhões de lares (56,5%) e as não negras, 16,6 milhões (43,5%), no 3º trimestre de 2022[...]. É preciso que o país cresça e gere renda e emprego de qualidade, mas é necessário também enfrentar as desigualdades de gênero e raça/cor, e que as mulheres tenham mais voz na sociedade, via negociação coletiva e políticas públicas". (DIEESE, 2023)

4 Estatuto da criança e do adolescente.

e apoiados, por vezes, são responsabilizados a fazer escolhas que não condizem com sua maturidade emocional, intelectual e vivencial. Tornam-se mais vulneráveis a associar equivocadamente manifestações de afeto a trocas de benefícios materiais, relacionais e de poder.

Nas ações judiciais de família, não podemos nos limitar ao entendimento de que o afeto, o vínculo parental, assim como os laços consanguíneos, são suficientes para resguardar o direito quanto à convivência ou responsabilidade quanto aos filhos. Percebemos que outros elementos demandam aprofundamentos sobre as relações sociais e familiares, e exigem legislações específicas para melhor elucidação.

A partir das reflexões sobre as contradições das famílias no judiciário, as avaliações sociais podem instrumentalizar melhores tomadas de decisões na busca pela efetivação de direitos. Nessa perspectiva, é fundamental que o profissional esteja em constante aprimoramento intelectual, objetivando acompanhar as dinâmicas contemporâneas tão desafiadoras. Assim, a ação profissional deve estar em consonância com os valores e condutas do projeto ético-político da profissão, na construção de uma sociedade mais justa, igualitária, emancipatória, trazendo esses aspectos para a realidade e tramas do cotidiano.

Referências

AMORIM, A. M. A. A (des)necessária intervenção do Estado na autonomia familiar. *Civilística* (revista eletrônica de direito civil), 2021. Disponível em: https://civilistica.emnuvens.com.br/redc/article/view/473. Acesso em: 3 set. 2023.

BRASIL. *Lei nº 8.662 de 7 de junho de 1993. Dispõe sobre a profissão de assistente social e dá outras providências*. Disponível em: https://www.planalto.gov.br/ccivil_03/leis/l8662.htm. Acesso em: 28 ago. 2023.

BRASIL. *Lei nº 8.069, 13 de julho de 1990. Dispõe sobre o Estatuto da Criança e do Adolescente e dá outras providências.* Disponível em: https://www.planalto.gov.br/ccivil_03/leis/l8069.htm. Acesso em: 15 ago. 2023.

BRUSCHINI, C. Teoria crítica da família. *In*: AZEVEDO, M. A.; GUERRA, V. (orgs.). *Infância e violência doméstica*: fronteiras do conhecimento. 3. ed. São Paulo: Cortez, 2000.

CHAPADEIRO, C. A.; SERRALHA, C. A.; HUEB, M. F. D. *Questões de família*. Curitiba: Editora CRV, 2017.

DIEESE. Boletim especial 8 de março dia da mulher: as dificuldades das mulheres chefes de família no mercado de trabalho. *Departamento Intersindical de Estatística e Estudos Socioeconômicos (DIEESE)*, mar. 2023. Disponível em: https://www.dieese.org.br/boletimespecial/2023/mulheres2023/index.html?page=1. Acesso em: 8 out. 2024.

FÁVERO, E. T. Instruções sociais de processos, sentenças e decisões. *In*: CONSELHO FEDERAL DE SERVIÇO SOCIAL (CFESS); ASSOCIAÇÃO BRASILEIRA DE ENSINO E PESQUISA EM SERVIÇO SOCIAL (ABEPSS) (orgs.). *Serviço social*: direitos sociais e competências profissionais. Brasília: CFESS/ABEPSS, 2009.

GOIS, D. A.; OLIVEIRA, R. C. S. *Serviço social na justiça de família: demandas contemporâneas do exercício profissional*. São Paulo: Cortez, 2019.

IBDFAM. IBDFAM: *Instituto Brasileiro de Direito de Família*. Disponível em: https://ibdfam.org.br/noticias/10510/Brasil+registra+alta+de+16%2C8+por+cento+no+n%C3%BAmero+de+div%C3%B3rcios+em+2021%2C+revela+IBGE. Acesso em: 27 ago. 2023.

MIOTO, R. C. Família, trabalho com famílias e Serviço Social. *Serv. soc. rev.*, Londrina, v. 12, n. 2, p. 163-176, jan./jun. 2010. Disponível em: https://ojs.uel.br/revistas/uel/index.php/ssrevista/article/view/7584/6835. Acesso em: 23 ago. 2023.

NETTO, J. P. *Capitalismo monopolista e serviço social.* 2. ed. São Paulo: Cortez, 1996.

POLÍTICA NACIONAL DE ASSISTÊNCIA SOCIAL – PNAS/2004. *Norma Operacional Básica – NOB/Suas*. Brasília: Ministério do Desenvolvimento Social e Combate à Fome – Secretaria Nacional de Assistência Social, 2005.

ROCHA, E. F. *Serviço Social e alienação parental*: contribuições para prática profissional. São Paulo: Cortez, 2022.

14

COPARENTALIDADE PÓS-DIVÓRCIO

FORTALECENDO A COLABORAÇÃO POR MEIO DE UM PLANO DE CUIDADOS AOS FILHOS

O exercício coparental no contexto pós-divórcio pode ser um desafio para os casais parentais, sobretudo quanto ao ajustamento dos aspectos de ordem prática que envolvem a criação do filho. Para auxiliá-los nesse processo, o plano coparental mostra-se uma ferramenta destinada a, de forma colaborativa e orientada, firmar acordos respeitosos e sustentáveis relativos à responsabilidade de cada um.

JULIANA FERNANDES E
LARA BRASILEIRO

Juliana Fernandes

Psicóloga jurídica do TJPE, psicóloga clínica em terapia cognitivo-comportamental (TCC) e na terapia do esquema. Especialista em neuropsicologia, desenvolvimento infantil e orientação parental. Graduada pela UFPE. Certificada internacionalmente em Disciplina Positiva e Educação Infantil pela Positive Discipline Association (PDA). Certificação internacional no *Newborn Behavioural Observations* (NBO) pela Harvard Medical School.

Contato
Instagram: @psi.julianafernandes

Lara Brasileiro

Psicóloga pela UFPE. Psicóloga jurídica com ênfase em família. Secretária da Coordenadoria Estadual de Família e membro do Comitê Gestor Local da Primeira Infância do TJPE. Palestrante na área de parentalidade e divórcio no contexto psicojurídico. Certificação internacional em Disciplina Positiva pela Positive Discipline Association (PDA). Coautora do *Baralho de investigação dos estilos parentais*.

Contatos
lara_brasileiro@hotmail.com
Instagram: @larabrasileiro

As famílias em contexto de dissolução conjugal figuram entre as principais demandas de intervenção no campo psicojurídico, em razão, sobretudo, dos desafios inerentes ao exercício da coparentalidade pós-divórcio.

Definida como o envolvimento conjunto e recíproco dos pais na criação de seus filhos, a coparentalidade refere-se à forma como os cuidadores coordenam as suas funções parentais, como se apoiam ou não, e como gerem os conflitos face aos cuidados dos filhos, independentemente do tipo de laço relacional (Feinberg, 2002 *apud* Boing e Crepaldi, 2016). É uma conexão que não se esgota com o fim da conjugalidade, e exige uma série de esforços parentais para participarem em conjunto de um projeto de vida para os filhos, mesmo sem nutrirem um projeto comum entre si (Brasileiro e Fernandes, no prelo).

A experiência das autoras em atendimento clínico e jurídico voltado a famílias sinalizou que, em geral, casais parentais, mesmo na vigência da conjugalidade, pouco se dedicam a dialogar e planejar as responsabilidades individuais e conjuntas referentes à criação do filho.

Frequentemente, essa lacuna culmina em uma relação coparental conflituosa, caracterizada por elevados níveis de críticas, hostilidade e competição que, devido a essa postura de adversários, demanda ao Poder Judiciário uma resolutividade. Contudo, os acordos ou decisões judiciais são predominantemente estruturados nas questões legais amplas: os limites da guarda, do sustento financeiro e da convivência familiar. Dessa forma, os embates interparentais referentes à operacionalização diária das responsabilidades para com os filhos não são solucionados.

Horários de convivência, valores, regras e limites, rotinas, alimentação, lazer, escolha da escola ou outras atividades, despesas, convivência, comunicação com madrasta/padrasto são exemplos de impasses que retornam ao judiciário subjacentes a pedidos de alteração da modalidade da guarda ou convivência, queixas de alienação parental e outros tipos processuais comuns em litígios dessa natureza.

Associações entre coparentalidade conflituosa e indicadores negativos de ajustamento psicológico dos adultos e dos filhos envolvidos no contexto da separação têm sido cada vez mais observadas nos estudos[1] mais recentes e reforçam a necessidade de os pais serem auxiliados a superarem tais fragilidades e a desenvolverem habilidades que os permitam lidar com a separação, de forma a minimizar o impacto negativo desta sobre os filhos.

Estruturada através de aporte teórico, técnico e metodológico voltado para o fortalecimento da coparentalidade em famílias binucleares, a Orientação de Pais em Contexto de Divórcio (OPCD) é uma abordagem interventiva que se alicerça no objetivo de favorecer a cooperação na prestação de cuidados à criança por meio de técnicas que promovam comunicação mais assertiva, aumento da disponibilidade emocional e do instrumental dos pais sobre temas parentais (Brasileiro e Fernandes, no prelo).

Por meio de minucioso processo de avaliação e conceitualização do caso, as intervenções personalizadas da OPCD visam, ao final, à construção conjunta de um plano de cuidados aos filhos – plano coparental, objeto deste trabalho.

---

1 Lamela, Figueiredo & Bastos (2013); Souza, Fiorini & Crepaldi (2020); Grzybowski & Wagner (2010).

Plano coparental: definição e contribuições

Trata-se de um instrumento cuja finalidade é a promoção e/ou o fortalecimento do comprometimento mútuo dos pais (ou cuidadores) quanto à parcela de contribuição de cada um para o exercício coparental funcional e sustentável.

Na prática, a partir das próprias diretrizes e da metodologia associada da OPCD, o plano busca a construção colaborativa e detalhada de acordos a respeito dos aspectos da criação do filho, mas que sejam exequíveis e que de fato privilegiem o melhor atendimento das necessidades da criança/adolescente.

Alguns benefícios

Para os cuidadores
Aumento do senso de autoeficácia e autonomia parental.
Adaptação às condições emocionais e assistenciais disponíveis.
Clareza quanto ao seu papel e limites.
Reciprocidade na relação com o outro cuidador.
Estabelecimento de comunicação saudável e eficaz.
Para os filhos
Aprimoramento da competência social e de outras habilidades.
Diminuição da exposição ao conflito interparental e de outras violações.
Ter suas necessidades específicas contempladas.
Maior estabilidade emocional e previsibilidade na convivência familiar.
Aprendizagem sobre meios pacíficos de resolução de diferenças.
Para o grupo familiar
Prevenção de altos níveis de ansiedade e de outros sofrimentos.
Redução da triangulação do conflito e de atos de alienação parental.
Maior equilíbrio entre responsabilidades atribuídas ao pai e à mãe, servindo como instrumento auxiliar na superação das desigualdades de gênero.

Diretrizes do plano coparental

Conceituadas como pilares do acordo, as diretrizes são essenciais em todo processo:

Equidade: refere-se ao equilíbrio entre as partes durante o processo de construção e à atenção necessária para o terapeuta/facilitador perceber eventuais interferências na capacidade contratual dos pais (condições psicopatológicas, situações de abuso/violência doméstica etc.).

Personalização: cada plano é único e adaptado à família em atendimento. Os pontos explorados no acordo devem ser eleitos pelos envolvidos (inclusive sinalizados durante a OPCD) e aprofundados conforme a complexidade do caso.

Flexibilidade: o casal parental precisa ter liberdade no tempo de construção do plano, inclusive para contemplar a possibilidade de suspendê-la e retomar a OPCD ou outra intervenção psicoterapêutica.

Passos para construir o plano coparental.

Um plano bem elaborado deve ser detalhado, sobretudo se há conflito interparental intenso. A elaboração está sistematizada por meio dos seguintes passos:

Passo 1. Comprometimento e comunicação

Os pais devem estar dispostos a cooperar e comunicar construtivamente, estabelecendo uma base de respeito mútuo e foco no bem-estar da criança.

Dica!

É interessante registrar na parte inicial do plano os "compromissos fundamentais" como recurso de sensibilização, engajamento e autorresponsabilidade:

- Somos responsáveis e contribuiremos conjuntamente no cuidado com nosso filho, colocando os interesses dele em primeiro lugar.
- Encontraremos uma maneira apropriada de nos comunicar e não expor nosso filho a conflitos, nem a falas negativas sobre qualquer um de nós ou da família.
- Promoveremos o relacionamento de nosso filho com o outro pai/mãe/cuidador, incentivando-o a desfrutar do tempo juntos.
- Entendemos ser necessário que, de tempos em tempos, avaliemos as pactuações do plano.

Passo 2. Conscientização e aprimoramento do repertório parental

A ferramenta da psicoeducação é um recurso-chave para auxiliar no despertar da conscientização parental quanto ao porquê e para quê de cada ponto discutido no plano. Quando os pais têm a orientação, por exemplo, de que toda criança possui necessidades básicas e emocionais a serem atendidas, lhes torna possível compreender a real função dos acordos firmados: proporcionar um bom desenvolvimento aos filhos – e não atender aos anseios parentais individuais.

Passo 3. Adequação do plano coparental às necessidades do filho

Como etapa principal, seu objetivo é firmar cada um dos compromissos. Para isso, é fundamental que, durante a OPCD, os pais tenham sido orientados a definirem as necessidades emocionais, físicas e educacionais da criança, pois elas esclarecerão quais decisões deverão ser priorizadas durante as discussões do plano.

No processo de criação, sugere-se perguntas a serem feitas aos pais, pois, ao refletirem como respondê-las, perceberão se as necessidades do filho serão atendidas ou não.

A estrutura a seguir está sistematizada para fins didáticos a fim de auxiliar na organização do terapeuta/facilitador. Contudo, elas não são estanques. Cada casal parental irá eleger os tópicos que demandam discussão e precisam ser assegurados no plano.

Convivência e moradia

De que forma se estruturará a moradia do filho? Haverá alternância de residências? Com que frequência? Quem se responsabilizará pelos trajetos? Outros parentes e/ou novos relacionamentos poderão realizar? O filho pernoitará?

Havendo alternância de residências, o que é importante ou possível que cada casa ofereça ao filho? Os itens pessoais da criança, como vestuário, brinquedo e documentos, transitarão entre as residências?

Na ausência do genitor responsável pelo filho naquele período, por viagem/trabalho ou outra situação, quem ficará com a criança? O outro genitor? A família extensa da pessoa ausente?

As atividades diárias serão exercidas diretamente pelos pais? Caso contrário, quem poderá auxiliar?

Como lidarão com a chegada de novos relacionamentos do casal parental? Há necessidade de discutir sobre a convivência do filho com eventual madrasta/padrasto?

Como organizarão a convivência nas datas comemorativas e nos aniversários dos pais e do filho? E em aniversário de amigo da criança, quem se responsabilizará por levá-la?

Responsabilidade financeira

Como ficarão divididas as despesas da criança? Haverá uma divisão igualitária ou proporcional aos rendimentos? Será estipulada pensão alimentícia? Como calcularão e farão o pagamento? E em caso de despesa extra?

Saúde

Quem levará a criança ao acompanhamento médico ou outra especialidade? De que forma comunicarão um ao outro sobre eventuais recomendações de saúde? Em caso de emergência, quem será acionado? Quem poderá autorizar procedimentos específicos? Há alguma restrição de vacinação?

Educação

Como será a escolha da escola? O filho poderá mudar de instituição? Se sim, ambos podem decidir pela saída? Quais são os parâmetros para a escolha, o que os pais esperam do colégio? Quem fará o acompanhamento da vida escolar? Nas reuniões pedagógicas e eventos, quem estará presente? Outros parentes ou novos relacionamentos poderão participar?

O filho fará atividade complementar à escola? Quais? Quando? Quem arcará e se responsabilizará por levá-lo?

Lazer

As atividades de lazer do filho são livres? Poderão viajar nacional e internacionalmente? Haverá autorização expressa para cada viagem? Quem arcará com as despesas de lazer, férias e feriados?

Espiritualidade

É necessário discutir sobre a prática religiosa ou outra espiritualidade? Há regras ou restrições relacionadas à crença que impactam a rotina do filho?

Proteção e limites

Como monitorarão as atividades e relacionamentos do filho? O que pode ou não ser aceito no comportamento da criança/adolescente? Há restrição de lugar a ser frequentado?

Haverá acordos sobre o uso de cigarro, álcool e outras drogas?

Como abordarão a sexualidade e questões relacionadas? Há regras para namoro?

Qual é o entendimento dos pais sobre disciplina? Utilizarão métodos de punição diante de eventual comportamento inadequado? Quais? Castigo físico será utilizado?

A quem caberá a definição das regras da residência ou da família? Haverá uma continuidade delas entre as casas? Outros parentes ou novos relacionamentos poderão exercer autoridade ou método de punição?

Haverá limite para o tempo de uso de tela, redes sociais, eletrônicos em geral? E para o conteúdo acessado? Se sim, quais permissões e restrições?

Comunicação

De que forma será a comunicação entre os pais? Há restrição no contato? Se sim, quais os meios alternativos? Alguém intermediará o diálogo?

Como será o contato do filho com o genitor que não está com sua custódia no momento? A criança/adolescente terá celular próprio? Se for o caso, quem auxiliará a comunicação ou o monitoramento do celular?

Revisões

Quais situações futuras podem ensejar a revisão do plano? Com quanto tempo de antecedência é necessário conversar sobre a sugestão de mudança?

Com que frequência poderão rever as pactuações? Há tempo mínimo de adaptação para que o plano seja alterado?

Em caso de discordâncias, é possível eleger método não adversarial de resolução de conflitos como primeira alternativa? Existirão cláusulas para eventuais descumprimentos?

Passo 4. Registro documental

No campo clínico, o plano pode ser um compromisso entre os pais. Contudo, é aconselhável registrá-lo por escrito para facilitar o resgate das informações.

Há, ainda, a possibilidade de o plano ser produzido por encaminhamento jurídico (tribunal ou advogado de família) e ser levado para homologação judicial, trazendo mais segurança ao cumprimento (sugestão indicada para famílias com maior dificuldade de comunicação/relação).

Passo 5. Flexibilidade

O plano é um documento flexível e adaptado às fases pelas quais a família passará, tanto no que tange ao divórcio quanto às mudanças relativas às necessidades do filho. O terapeuta/facilitador deve estar preparado técnica e teoricamente para compreender as repercussões e manejo das emoções e eventuais conflitos, visto que questões complexas podem ser suscitadas.

Considerações finais

A coparentalidade é um determinante importante da qualidade das relações entre pais e filhos, do ajustamento positivo da criança e da qualidade das relações familiares alargadas em contextos familiares pós-divórcio. Em paralelo, o cenário do divórcio litigioso é um dos principais violadores do direito à convivência familiar saudável. Muitas vezes, as crianças/famílias em situação de conflito de coparentalidade podem não obter a ajuda de que precisam, devido à falta de informação e treinamento dos profissionais sobre esse fenômeno.

Considerando esses desafios, reforçamos a necessidade de mais estudos e pesquisas sobre a temática, bem como formação profissional especializada que possibilite a interlocução entre os conhecimentos da psicologia sobre os efeitos emocionais do conflito e a proteção legal trazida pelo direito.

Referência

BOING, E.; CREPALDI, M. A. Relação pais e filhos: compreendendo o interjogo das relações parentais e coparentais. *Educar em revista*, Curitiba, Brasil, n. 59, p. 17-33, jan./mar. 2016.

15

VIOLÊNCIA DE GÊNERO E O ADOECIMENTO PSÍQUICO

A violência de gênero compreende uma questão de saúde pública que atinge mulheres em diversos contextos; seja no papel de companheira, filha, mãe ou profissional. Neste capítulo, veremos uma iniciação sobre o cenário histórico da violência, sobre os tipos de abusos contra a mulher e sobre os adoecimentos psíquicos desencadeados a partir dessas dinâmicas, assim como reflexões, provocações e orientações sobre o processo psicoterapêutico.

LARISSA DE SÁ COSTA

Larissa de Sá Costa

Psicóloga e supervisora clínica. Pós-graduada em Terapia Cognitivo-comportamental. Formação em Terapia do Esquema. Pós-graduanda em Terapia de Aceitação e Compromisso. Pesquisadora e mestranda em Psicologia Cognitiva.

Contatos
psicologialarissacosta@gmail.com
instagram: @larissacostapsicologa

A violência contra a mulher configura-se como um fenômeno latente, consequência de relações de poder entre gêneros ao longo do tempo. Esse se tornou um tema de saúde pública em virtude do elevado número de casos e das significativas consequências. Dados da Organização Pan-Americana de Saúde (OPAS) demonstram que 1 em cada 4 mulheres, com 15 anos ou mais, já sofreram violência física e/ou sexual por parte de um parceiro. Entre os fatores associados ao risco estão a baixa escolaridade, o maltrato infantil, a exposição à violência na família, o uso nocivo de álcool, atitudes violentas e desigualdade de gênero.

Embora diversas mudanças sociais tenham acontecido pela passagem do tempo e as transformações tecnológicas (afetando a comunicação), a desigualdade de gênero ainda é naturalizada como um desequilíbrio entre a figura de domínio e a figura dominada. Na metade do século XX, chamava-se "violência intrafamiliar"; vinte anos depois, era referida como violência contra a mulher. Nos anos 1980, foi designada por violência doméstica; e a partir da década de 1990, como violência de gênero. (Cartilha integral para mulheres e adolescentes em situação de violência doméstica e sexual).

A cultura é um elemento de formação de identidade, coletiva e individual, passada de geração em geração. É por meio dela que se moldam quais comportamentos são adequados na sociedade: quais são os valores importantes para aquele grupo?

Quais são as responsabilidades que as pessoas precisam ter naquele entorno? Quais são os limites? O que é permitido? Já a realidade social carrega o não dito, o velado, o silencioso. O que, muitas vezes, é subnotificado. Assim, a violência contra as mulheres pode ocorrer em todas as fases da vida e de forma multifacetada. A exemplo, as pressões estéticas que afetam o comportamento das mulheres muito mais do que dos homens, em uma lógica de atingir padrões europeus de referência. De acordo com a Sociedade Internacional de Cirurgia Plástica e Estética, o Brasil foi o país que mais realizou cirurgias plásticas no mundo. Houve um aumento de 184,6% no número de cirurgias entre 2008 e 2020.

Ao passo que as possibilidades de solução se ampliam, a maioria dos setores segue despreparada para auxiliar mulheres em adoecimento psíquico e vítimas da violência. Além disso, o diagnóstico em saúde mental pode contribuir para a estigmatização, pondo em xeque a credibilidade e a capacidade de discernimento dela. Dados divulgados pela Organização Mundial da Saúde (OMS) apontam que, durante o período de isolamento – estratégia adotada como contenção da covid-19 – os casos de violência doméstica aumentaram. Em Jingzhou, na China, os casos triplicaram em relação ao mesmo período no ano anterior e, no Brasil, as taxas de feminicídio apresentaram crescimento.

Muitas ideias não sofreram atualizações e, de modo automático, norteiam comportamentos como "Se sair da relação, não encontrará ninguém e ficará sozinha"; "Uma mãe tem que se manter na relação, mesmo não estando feliz, em favor da família"; "Como você vai trabalhar e se sustentar sem o seu marido?"; "E os seus filhos, como ficarão sem o pai?"; "A filha tem que honrar o seu pai"; "Não se deve denunciar quem põe a comida na mesa"... E assim segue, interferindo diretamente na manutenção da relação disfuncional.

É comum que mulheres sejam vistas como "poliqueixosas", o que amplia a estigmatização e dificulta a busca por amparo psicológico e médico. Eventos e experiências negativas podem aumentar o risco de desenvolvimento e agravamento de diversos transtornos. Imaginemos um cenário: um ambiente familiar configurado numa fundação abusiva. Agressões verbais e/ou físicas. O reflexo é claro. A tarefa é encontrar uma saída em meio à fragilidade, culpa, vergonha, dor e raiva... Mas, como?

A maioria dos casos de violência contra a mulher citados, refere-se a situações domésticas, dentro do lar. "Lar", por sua vez, é uma palavra que se originou da cultura romana e que significava "local onde é aceso o fogo para cozinhar e aquecer"; daí vem o termo "lareira". Esse é o principal espaço de segurança e afeto na vida, onde se desenvolvem outras relações, possibilitando expandir a autonomia, desenvolver o senso de identidade, confiança e afetos. O lar não é apenas um espaço físico, mas um espaço subjetivo que fornece insumos para todos os outros contextos da vida. Um refúgio, uma proteção e um porto seguro. Quando a estrutura desse espaço é ceifada, a saúde mental sofre impactos significativos, impedindo a experiência de uma vida mais significativa.

Vale considerar que a violência não é exclusiva do mundo contemporâneo. Na história, é possível observar diversos episódios de violência envolvendo minorias e relações de poder, a exemplo, pessoas pretas, mulheres, crianças etc. Ainda do ponto de vista da história e considerando a proximidade do período da Declaração Universal de Direitos Humanos, década de 1950, não faz muito tempo que a violência passou a ser compreendida como uma questão de justiça. A Lei Maria da Penha, que alterou o Código Penal Brasileiro em 2006, prevê pena para agressores em situação de violência doméstica. Uma vitória.

Não há como considerar natural conviver com um sofrimento constante, principalmente se ele está relacionado às questões de gênero, as quais se originam de esquemas de controle e poder. Os transtornos de ansiedade, por exemplo, são, por vezes, subestimados, como se fossem "companheiros inevitáveis" no dia a dia das pessoas, mas essa ideia velada é equivocada. O sofrimento clínico ocasionado pela ansiedade pode trazer inúmeras consequências emocionais e funcionais, como baixa autoestima, envolvimento em outras relações de abuso, incapacidade de trabalhar, de se alimentar e dormir de forma satisfatória.

Esse é um problema social e de saúde pública grave, caracterizado por uma série de comportamentos abusivos perpetrados por figuras íntimas ou familiares. Essas violências podem ser entendidas como físicas, psicológicas, financeiras e/ou sexuais. No contexto conjugal, muitas mulheres sequer percebem que estão sofrendo abusos. Um elemento fundamental para explicar isto é que a construção da ideia do casamento envolve uma preparação exclusivamente feminina, uma idealização romântica formada, em muitas famílias, desde a infância. É quase como um propósito, um sacrifício voluntário.

Enquanto que a maior parte da violência que atinge os homens acontece em situações públicas e entre figuras do sexo masculino, aquela que atinge as mulheres é, geralmente, praticada por homens de sua convivência íntima (Franzoi, Fonseca e Guedes, 2011). Mulheres que sofrem violência doméstica têm maior propensão a desenvolverem transtornos de ansiedade, como o transtorno do estresse pós-traumático (TEPT), depressão, tentativas de suicídio, uso de substâncias e dor crônica (Rennó, 2012). Isto é, a exposição a traumas repetidos, o sentimento de insegurança constante e a sensação de perda de controle desestabilizam a vítima em uma experiência disfuncional. A ansiedade e a tristeza passam a ser uma constante porque o cenário abusivo também é, no caso de mulheres que convivem com o parceiro e são expostas a humilhações e violências. Além disso, mulheres que sofreram violência por outros homens podem demorar anos para se darem conta de que sofreram abusos. A estigmatização, a vergonha e o temor de uma retaliação impedem que muitas mulheres peçam ajuda profissional e, em casos mais graves, o medo pela própria integridade afasta as vítimas de um cuidado adequado contra o adoecimento.

O isolamento e a evitação costumam ser comportamentos comumente adotados porque as vítimas sentem vergonha pela situação – ou como resultado do controle do agressor. Essas mulheres podem, pela experiência traumática, apresentar dificuldades em estabelecer outros relacionamentos saudáveis, porque a repetição se dá pela experiência vivida e não pelo que se sabe racionalmente. Traumas são traumas para qualquer ser humano, mas e quando o trauma é sofrido "simplesmente" por ser mulher? Sofrer violência é uma condição inerente a todas elas?

Além de prejuízos no desenvolvimento social e interpessoal, a violência de gênero física pode acarretar danos a longo prazo, a depender, por exemplo, das lesões sofridas e do estresse crônico, que tem impacto negativo sobre o sistema imunológico. O sofrimento psicológico por sua vez, que também é altamente doloroso, também pode ser o ponto de partida para outros tipos de violência: mulheres que sofreram ou que sofrem violência doméstica costumam questionar suas próprias identidades e valores, além de se culparem pelos abusos. A noção de realidade fica comprometida em virtude de tantos cortes no senso de percepção de dor, justiça e tolerância. O assédio persistente, constrangimentos, insultos, humilhações, desvalorização, manipulações, vigilâncias, chantagens, cobranças, ridicularizações e limitações do direito de ir e vir são exemplos de como se dá esse tipo de abuso. Recentemente, um termo foi adotado: "Gaslighting" – o abusador nega fatos e manipula a vítima, fazendo com que ela se questione se está em seu "juízo perfeito".

Uma outra nuance do abuso ocorre no aspecto financeiro e profissional: quando é feito uso indevido dos bens da mulher, quando a própria vítima depende financeiramente do agressor ou quando produções são invisibilizadas no contexto de trabalho. Além disso, a violência de gênero pode interferir diretamente no desempenho profissional da mulher, limitando oportunidades de carreira e sendo um fator impeditivo para se manter exercendo a atividade laboral.

Um fator de risco para o transtorno do estresse pós-traumático (TEPT) é a revitimização em casos de violência. Mulheres com histórico de abuso sexual na infância têm 2,5 a 4,0 vezes mais chances de sofrerem abuso sexual quando adultas em relação àquelas sem histórico de abuso. As violências sofridas resultam num comprometimento cognitivo, isto é, no modo como ela processará informações, alterando a memória verbal e a avaliação de risco, ocasionando uma maior vulnerabilidade (Mello, Mello e Cividanes, 2019).

A "síndrome da mulher espancada" é uma consideração feita por alguns autores para explicar sintomas característicos de mulheres que sofreram algum tipo de violência. Esses sintomas se assemelham com aqueles de prisioneiros de guerra: medo, retraimento, desesperança, recordações intrusivas de eventos traumáticos, negação e depressão. É preciso considerar que, mesmo em uma situação de violência, é muito difícil para a vítima lidar com o rompimento. Emocionalmente, a mudança de papéis e a luta para se ajustar a uma nova vida podem assustar. Não é como tirar a mão da panela quente e rapidamente sentir a pele esfriar, é um processo que demanda cuidados e que precisa ser abraçado por toda a comunidade:

científica, com literaturas que contemplem o fenômeno; profissionais bem treinados; uma sociedade que compreenda o lugar da mulher. Além disso, há marcas subjetivas que compõem o cenário: a mulher massacrada, humilhada, violentada, roubada... Como refazer essa vida? Por onde recomeçar?

Orientações práticas

O trabalho terapêutico se destina a tratar os transtornos que se desencadearam, acolher a mulher em situação de vulnerabilidade, orientá-la, ajudá-la a nomear os fatos e validar seus sentimentos, experiências e escolhas; além de oferecer um espaço de escuta empática e fortalecimento da autoestima, bem como conduzi-la a novas perspectivas mais saudáveis.

Um processo terapêutico e o fortalecimento de redes de apoio são fundamentais para ajudar na readaptação e ressignificação dos traumas. A recuperação pode ser um processo complexo e longo a ser experienciado, mas viver uma vida saudável é, felizmente, possível. A cicatriz sempre existirá, mas a dor não durará para sempre.

Referências

BARBOSA, T. P. *et al.* A psicologia na rede de atendimento à mulher em situação de violência conjugal: uma revisão sistemática na América Latina. *Aletheia*, v. 54, n. 1, jan./jun. 2021. Disponível em: https://pepsic.bvsalud.org/scielo.php?script=sci_arttext&pid=S1413-03942021000100015. Acesso em: 10 set. 2023.

CANTILINO, A.; NEVES, M.; RENNÓ, J. *Transtornos psiquiátricos na mulher*. Porto Alegre: Artmed, 2023.

COSTA, A. V. M. *Saberes e atitudes de mulheres sobre a violência contra a mulher pelo parceiro íntimo*. 2016. Dissertação

(Mestrado em Educação na Saúde) – Universidade Federal do Piauí. Teresina, 57 f.2016.

D'OLIVEIRA, A. F. P. L. *et al.* Fatores associados à violência por parceiro íntimo em mulheres brasileiras. *Revista de saúde pública*, v. 43, n. 2, 2009.

DUARTE, J. C. *et al.* Domestic violence against women: a retrospective study in a multidisciplinary approach. *BMC public health*, v. 19, n. 1, p. 987, 2019.

GARCIA-MORENO, C. *et al.* Addressing violence against women: a call to action. *The lancet*, v. 392, n. 10146, p. 1165-1172, 2018.

HODGSON, R. *et al.* Mental health and substance use disorders: a global perspective. *Lancet psychiatry*, v. 7, n. 8, p. 683-696, 2020.

INSTITUTO DE PESQUISA ECONÔMICA APLICADA. *Atlas da violência*: violência contra a mulher. Brasília: IPEA, 2023.

KRUG, E. G. (ed.). *et al. Relatório mundial sobre violência e saúde*. Rio de Janeiro: Fiocruz, 2002.

MINISTÉRIO DOS DIREITOS HUMANOS E DA CIDADANIA. Formulário nacional de risco e proteção à vida (FRIDA). *Central de atendimento à mulher* (Ligue 180), 23 abr. 2021. Disponível em: https://www.gov.br/mdh/pt-br/centrais-de-conteudo/ligue-180/FormulrioFRIDA.pdf/view. Acesso em: 24 set. 2024.

SANTOS, A. M. V. de S. *et al.* Transtornos mentais comuns: prevalência e fatores associados entre agentes comunitários de saúde. *Cadernos saúde coletiva*, v. 25, n. 2, 2017.

SILVA, C. D. *et al.* Representação da violência doméstica contra a mulher: comparação entre discentes de enfermagem. *Revista gaúcha de enfermagem*, v. 39, p. e2018-0025, 2018.

SILVA, C. M. *et al.* Violência contra a mulher na vida: estudo entre usuárias da Atenção Primária. *Ciência & saúde coletiva*, v. 25, n. 5, p. 1975-2018, 2020.

WORLD HEALTH ORGANIZATION. *Violence against women*. Disponível em: https://www.who.int/news-room/fact-sheets/detail/violence-against-women. Acesso em: 24 nov. 2024.

16

VIOLÊNCIA CONJUGAL E QUÍMICA ESQUEMÁTICA

Baseado na terapia do esquema de Jeffrey Young, o presente estudo oferece uma compreensão sobre o ciclo da química esquemática na violência conjugal. As pessoas apresentam escolhas fundamentadas em suas histórias de vida, gerando repetições de padrões de modelos mentais e desadaptativos. Como resultado, o desequilíbrio nas relações é assistido em diversos tribunais, solicitando o entendimento dessa problemática e a elaboração de medidas preventivas.

LILIAN DE CARVALHO BORGES

Lilian de Carvalho Borges

Psicoterapeuta cognitivo-comportamental e do esquema, especialista em TCC. Formada em Terapia do Esquema, DBT e Supervisão Clínica. Tem formação em ACT pela USP. Certificada internacionalmente em terapia do Esquema – ISST (International Society of Schema Therapy).

Contatos
ldcborges@gmail.com
Instagram: psi.lilianborges

A Organização Mundial de Saúde (OMS) considera o fenômeno da violência como provável parte da história da própria humanidade, estando presente nos mais diversos contextos. Como tal, com o aumento de casos em todo o mundo, essa problemática nas relações tem assumido grande importância na área dos Direitos Humanos e da Psicologia.

Mais especificamente no Brasil, há um aumento severo de violências conjugais em noções quantitativas e qualitativas. O 17º Anuário Brasileiro de Segurança Pública aponta que, em mais da metade dos casos de feminicídio (53,6%), o autor é identificado como o atual parceiro íntimo ou antigo (19,4%). (IPEA e DIEST, 2022). E ainda que os índices já sejam alarmantes, eles não abrangem a totalidade dos casos, pois muitos episódios de violência não são identificados ou denunciados, por uma forte influência social (Denise *et al.*, 2009).

Apesar da maior prevalência de casos de violência conjugal estar entre as mulheres, sociólogos apresentam também outra perspectiva, no qual demonstram que homens e mulheres podem ser perpetuadores ou vítimas. Essa análise argumenta que apenas a desigualdade de gênero não é suficiente para produzir uma relação violenta, sendo necessário investigar outros fatores, como a história de vida, questões socioeconômicas e dinâmica familiar; considerando que as formas de interação são aprendidas geralmente nas famílias, formando modelos mentais e de comportamento (Machado & Matos, 2012; Paim & Cardoso 2019).

O estudo da violência conjugal aponta há anos a importância da relação da experiência de maus tratos na infância, seja recebendo-os diretamente ou presenciando-os, com a probabilidade de repetição na vida adulta, tornando-se necessário abranger características individuais, contextuais e transgeracionais (De Antoni *et al.*, 2007; Dunn *et al.*, 2001; Falcke, 2006; Mendlowicz e Figueira, 2007; Carvalho-Barreto *et al.*, 2009). De modo geral, a experiência de violências familiares impacta a vida de uma pessoa em todas as suas relações, legitimando agressões como estratégias de resolução de conflitos.

Na perspectiva da terapia do esquema (TE), Jeffrey Young também ressalta a necessidade de avaliação das experiências primárias e das figuras de autoridade que impactam a estruturação da personalidade. Para isso, desenvolveu o conceito de Esquemas Iniciais Desadaptativos (EIDs), sendo 18 ao todo, e desenvolvidos quando necessidades emocionais na infância e na adolescência não são atendidas adequadamente. Para uma maior organização, esses EIDs foram divididos em 5 domínios que sinalizam as carências específicas ao longo do desenvolvimento humano (Young *et al.*, 2008). Confira-os na tabela 1.

Os cuidadores primários são responsáveis por regular emocionalmente e satisfazer as necessidades da pessoa em crescimento. Assim, essas relações se tornam fundamentais na formação dos EIDs, que servirão de lente sobre si, sobre os outros e sobre o mundo. Qualquer falha no atendimento dessas necessidades é apresentada como a origem principal de problemas psicológicos e interpessoais (Young *et al.*, 2008).

Domínio	EIDs
Desconexão e rejeição	Abandono e instabilidade; privação emocional; defectividade e vergonha; desconfiança/abuso; isolamento social.
Autonomia e desempenho prejudicados	Dependência e incompetência; vulnerabilidade ao dano e à doença; *self* subdesenvolvido; fracasso.
Limites prejudicados	Arrogo/grandiosidade; autocontrole/autodisciplina insuficientes.
Orientação para o outro	Subjugação; autossacrifício; busca de aprovação.
Supervigilância e inibição	Inibição emocional; padrões inflexíveis; negativismo; postura punitiva.

Tabela 1 – Young et al. *(2008).*

Outras características importantes de um EID são seu caráter autoperpetuador e sua resistência à mudança. Quanto mais intenso emocionalmente, mais difícil é modificá-lo. Isso advém essencialmente de sua estrutura vinculada à noção de si e dos outros, e independe de grau intelectual, social, econômico ou cultural.

A todo momento, o cérebro, baseado em experiências passadas, capta o essencial das situações, interpretando os sinais externos e as reações fisiológicas do corpo para proporcionar um sentido unificado e coeso das ações. Essa espécie de "filtragem cerebral" está associada à ideia defendida por diversos autores da harmonia entre funcionamentos cognitivos e comportamentais que são aprendidos ao longo da vida. Uma vez que conseguimos desenvolver uma identidade gerada por essas internalizações, também evitamos qualquer conteúdo diferente como forma preventiva de lidar com estímulos estranhos e, consequentemente, "ameaçadores", sem nenhuma defesa aprendida. Dessa maneira, uma pessoa em ativação emocional realizará uma série de estratégias para haver uma relação com essa construção sobre si e sobre o mundo (Fernandez e Fernandez, 2017; Callegaro, 2005).

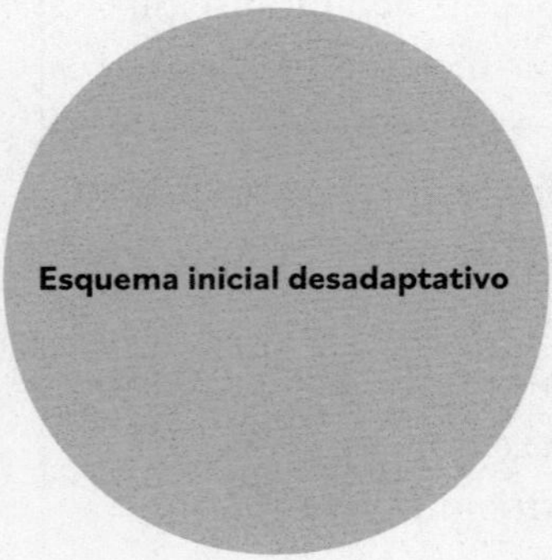

- Constituem-se em crenças incondicionais sobre si mesmo em relação ao ambiente.
- São resistentes à mudança, pois são autoperpetuadores.
- Levam, direta ou indiretamente, a um sofrimento psicológico.
- Quando são ativados por acontecimentos ambientais geram intensas respostas emocionais/afetivas.
- Geralmente não resultam de acontecimentos traumáticos isolados, pois a maioria dos esquemas é causada por padrões continuados de experiências nocivas com membros da família e outras pessoas.

Figura 1 – Young et al., 2008.

O mesmo acontece nas escolhas amorosas. A permanência em relacionamentos danosos, e que podem produzir violências conjugais, tende a estar baseada na sensação que é experimentada pela ativação de um ou mais EIDs, e ocorre em um nível mais emocional e pouco racional. Essa sensação é chamada de química esquemática e pode estar relacionada a escolhas padronizadas de relações, repetição de sensações e transgeracionalidade dos EIDs (Paim & Cardoso, 2019; Simeone-DiFrancesco, Roedger & Stevens, 2015).

Vários pesquisadores em TE observaram que, por exemplo, após sofrer episódios de negligência e abuso na infância, uma pessoa procurará, a todo custo, garantir a nutrição das suas necessidades que não foram atendidas. Porém, buscando relação com suas vivências passadas, ela provavelmente ativará seus EIDs e reviverá emocionalmente suas memórias, seguidas de comportamentos desadaptativos de proteção. Basicamente, o adulto é uma criança presa na dinâmica familiar e só consegue enxergar pelas lentes dessa mesma criança, prejudicando suas relações. Quanto mais fortes são os EIDs, mais as escolhas amorosas são influenciadas por eles (Paim & Cardoso, 2019; Simeone-DiFrancesco, Roedger, e Stevens, 2015).

Indisponibilidade, ofensas, abusos físicos e emocionais e vivências emaranhadas são alguns exemplos de experiências que mantêm EIDs, gerando a repetição de padrões e dificultando mudanças. Além disso, a TE também compreende a existência da interligação entre EIDs de duas ou mais pessoas. Nesses casos, há a tendência de serem extremamente compatíveis, como um encaixe, embora pouco saudáveis (Paim & Cardoso, 2019).

Um exemplo comum é o de pessoas com sensação de desvalor, típica do esquema de defectividade/vergonha, que tendem a escolher parceiras com esquema de arrogo e grandiosidade, acompanhadas de grandes exigências e ataques como forma de manter o senso de superioridade. Se de um lado há a perpetuação da sensação de rebaixamento, do outro, há a de se ter direitos especiais e de grandeza.

Mais químicas são observadas em relações que envolvem esquemas de privação emocional, acompanhada da sensação de desamparo e solidão, com o esquema de inibição emocional, seguida de distanciamento afetivo; esquema de subjugação, com forte medo de punições e preocupação em desagradar, com esquema de desconfiança e abuso, com a tentativa compensatória de controle do parceiro para não se sentir abusado; esquemas de padrões inflexíveis, com a vivência de amor condicionado ao desempenho e a dinâmica produtiva de ambos, que leva a uma dificuldade de relaxamento e expressão afetiva; esquemas de abandono, perante a evitação de relacionamentos íntimos para não sentir negligência, com um parceiro que resigna o mesmo sentimento. Existem diversos outros exemplos que variam de acordo com os EIDs e seus comportamentos de enfrentamento (Paim e Cardoso, 2019, 2022).

Quando casais procuram auxílio psicológico, é comum que a reclamação inicial não seja o real problema. Um posicionamento ético deve ser investigativo quanto ao histórico de ataques físicos e emocionais, a avaliação de risco de vida (histórico de comportamento violento do parceiro ou da família de criação, uso anterior ou atual de álcool ou outras drogas e de armas, ameaças de morte, perseguições, psicopatologias ou senso patriarcal de direito), estabelecimento de um plano de segurança e demais intervenções (Hamel, 2005; Simeone-DiFrancesco, Roedger e Stevens, 2015).

Os estudos sobre os resultados do tratamento de violências nunca foram otimistas, porém pesquisadores vêm encontrando avanços significativos no trabalho com a TE, inclusive em tratamentos complexos, como traços antissociais e o desenvolvimento da empatia (Bernstein *et al.*, 2012). Isso dá grande esperança de evolução no trabalho individual e com casais onde existem esses comportamentos mais difíceis.

O foco do tratamento sempre será o comportamento violento, decorrente geralmente de um funcionamento compensatório severo. Sem isso, não há como diminuir a intensidade emocional da ativação de esquemas e promover o atendimento de necessidades emocionais, passadas e atuais, como a segurança, que é a necessidade mais básica de todas. Além disso, a química esquemática e as escolhas dos relacionamentos também são focos de intervenção, trazendo a responsabilidade do comportamento de ataque, mas também da manutenção não intencional nos comportamentos de submissão.

A autorresponsabilidade e autorreflexão são destaques no trabalho com a pessoa que se comporta violentamente. Mas mais especificamente, compreender os motivos subjacentes, como a noção dos próprios EIDs, e manejar para a prevenção da perpetuação deles é fundamental para uma mudança permanente nas relações amorosas (Paim e Cardoso, 2019).

Por fim, a busca de um maior autoconhecimento dentro de um processo de psicoterapia tem o potencial de facilitar o desenvolvimento do autocuidado e da autorresponsabilidade, voltada aos próprios direitos e deveres. A psicologia em muito pode beneficiar com pesquisas e intervenções, a fim de estabelecer relações mais saudáveis e quebrar padrões disfuncionais com uma alta química esquemática.

Referências

ANTONI, C.; BARONE, L. R.; KOLLER, S. Indicadores de risco e de proteção em famílias fisicamente abusivas. *Psicologia:* teoria e pesquisa, v. 23, p. 125-132, 2007.

BERNSTEIN, D. *et al.* Schema Therapy in Forensic Settings. *In*: VAN VREESWIJK, M.; BROERSEN, J.; NADORT, M. (eds.), *The Wiley-Blackwell handbook of schema therapy*: theory, research and practice. Oxford: Wiley-Blackwell, 2012.

CALLEGARO, M. A neurobiologia da terapia do esquema e o processamento inconsciente. *Revista brasileira de terapias cognitivas*, 1(1), p. 9-20, 2005.

CARVALHO-BARRETO, A.; BUCHER-MALUSCHKE, J. *et al.* Desenvolvimento humano e violência de gênero: uma integração bioecológica. *Psicologia:* reflexão e crítica, 22(1), p. 86-91, 2009.

DUNN, M. G.; MEZZICH, A.; JANISZEWSKI, S.; KIRISCI, L.; TARTER, R. Transmission of neglect in substance abuse families: the role of child dysregulation and parental SUD. *Journal of child and adolescent substance abuse*, 10, p. 123-132, 2001.

FALCKE, D. *et al.* Violência conjugal: um fenômeno interacional. *Contextos clínicos*, 2(2), p. 81-90, 2009.

FALCKE, D. Filho de peixe, peixinho é: a importância das experiências na família de origem. *Colóquio*, 3, p. 83-97, 2006.

FERNANDEZ, A.; FERNANDEZ, M. Sobre a dissonância cognitiva, o autoengano e a ignorância autoimposta. *Boletim jurídico*, Uberaba/MG, ano 23, n. 1207, 2014. Disponível em: https://www.boletimjuridico.com.br/artigos/etica-e-filosofia/3186/sobre-dissonancia-cognitiva-autoengano-ignorancia-autoimposta. Acesso em: 2 jul. 2024.

HAMEL, J. *Gender inclusive treatment of intimate partner abuse:* a comprehensive approach. Nova Iorque: Springer, 2005.

MACHADO, A.; MATOS, M. Homens de que não se fala: as vítimas esquecidas da violência na intimidade. *Psiquiatria, psicologia & justiça*, p. 5-27, 2012.

MENDLOWICZ, M.; FIGUEIRA, I. Transmissão intergeracional da violência familiar: o papel do estresse pós-traumático. *Revista brasileira de psiquiatria*, 29, p. 88-89, 2007.

PAIM, K.; CARDOSO, B. *Sua história de amor*: um guia baseado na terapia do esquema para compreender seus relacionamentos e romper padrões negativos. Porto Alegre: Artmed, 2022.

PAIM, K.; CARDOSO, B. *Terapia do esquema para casais*: base teórica e intervenção. Porto Alegre: Artmed, 2019.

PAIM, K.; MADALENA, M.; FALCKE, D. Esquemas iniciais desadaptativos na violência conjugal. *Revista brasileira de terapias cognitivas*, 8(1), p. 31-39, 2012.

SIMEONE-DIFRANCESCO, C.; ROEDIGER, E.; STEVENS, B. A. *Schema therapy with couples*: a practitioner's guide to healing relationships. West Sussex: John Willey & Sons, 2015.

YOUNG, J. et al. *Terapia do esquema*: guia de técnicas cognitivo-comportamentais inovadoras. Porto Alegre: Artmed, 2008.

17

UNI DUNI TÊ
A GUARDA COMPARTILHADA TAMBÉM É PARA VOCÊ

O tema da guarda ainda gera muita insegurança nas pessoas, seja porque não há conceitos legais com a sugestão de soluções prontas para cada situação, seja porque ainda há uma cultura machista de que, às mulheres, devem ser reservados os deveres de cuidados com a família. Contudo, a alteração da lei, para introduzir o termo "guarda compartilhada" no Código Civil Brasileiro, vem em uma tônica de responsabilidades parentais efetivamente compartilhadas, na busca do atendimento ao melhor interesse da criança e do adolescente, ainda que haja conflito no que diz respeito à conjugalidade.

LUCIANA BRASILEIRO

Luciana Brasileiro

Luciana Brasileiro, advogada, mestre e doutora em direito privado pela UFPE, pesquisadora do Grupo de Pesquisas Constitucionalização das Relações Privadas, da UFPE, vice-presidente da Comissão de Direito e Arte do IBDFAM.

Contatos
lucianabrasileiroadv@gmail.com
Instagram: @lubrasileiro
81 99951 8995

Os temas de direito das famílias sempre trazem consigo uma forte carga existencial. A proteção das pessoas é um dos grandes marcos da Constituição Federal de 1988, que inaugura, na perspectiva do Estado Social, uma perspectiva de priorizar os interesses de cada um em detrimento das instituições.

Se antes havia uma valorização da família como um instituto, atualmente a família é vista como um espaço de realização pessoal de cada um de seus membros. E essas modificações ocorreram em muito pouco tempo. Até 1977, o casamento era indissolúvel. Desde que o Brasil foi ocupado e transportadas para cá as regras do colonizador até 1977, portanto, a perspectiva de família estava pautada fundamentalmente no casamento como única hipótese de formação de família.

É necessário reconhecer que somente a partir da Lei do Divórcio conseguimos nos desvencilhar dessas amarras para, então, passar a ver a família nesse sentido de pluralidades. Por esse motivo, é necessário reconhecer que há muito pouco tempo alcançamos avanços inimagináveis.

Se a sociedade da década de 1970 rechaçou a ideia do divórcio, por temer que a família estivesse ameaçada, hoje temos famílias em uma perspectiva de liberdade, diversidade e pluralidade. Conseguimos superar o conceito de coisificação de animais domésticos e, por exemplo, reconhecemos que são seres sencientes, necessitando de proteção. Avançamos em temas como o das pessoas com deficiência a partir do momento em que afastamos a postura de um Estado "protetor" que interditava, para um Estado que intervém, mas respeita a existencialidade de cada um.

Em relação à filiação, esse avanço está muito bem representado na mudança de conceitos e de valores. Se a guarda ocupava um espaço dentro do que antes se chamava de pátrio poder, hoje ela decorre do poder familiar, expressão adotada para retirar do homem a exclusividade sobre as decisões na família, e para fazer com que esta estivesse dentro do contexto de responsabilidades parentais. Para além disto, é uma mudança de perspectiva: se antes a paternidade representava o único lugar de *autoridade*, hoje é da família o *dever* de cuidado.

Quando um relacionamento conjugal, seja oriundo de um casamento, uma união estável ou ainda uma relação não reconhecida do ponto de vista das obrigações familiares conjugais – como o namoro, o noivado ou, ainda, uma relação de amizade – deixa de existir e dá lugar exclusivamente às relações parentais, surge a necessidade de fixação da guarda judicial, que, no Brasil, poderá ser unilateral ou compartilhada.

Muito se fala sobre a guarda alternada, modalidade que já existiu com mais frequência nos tribunais, mas foi afastada por não trazer, em sua maioria, bons resultados para as crianças; mas a verdade é que o Código Civil só prevê de forma expressa dois tipos de guarda, não havendo qualquer menção à guarda alternada.

Diante de um cenário de guarda, então, é necessário que haja uma definição sobre a sua modalidade, com uma reflexão contundente sobre o caso concreto e, ainda, sobre a divisão das responsabilidades parentais, atribuindo aquele modelo que traga mais segurança e proteção para a criança.

Breve conceito prático das guardas unilateral e compartilhada

Conforme o Código Civil define os regimes de guarda no art. 1.583, a guarda será unilateral ou compartilhada. Diante dessa premissa, para identificar qual dos modelos melhor se adequa a cada situação, é necessário entender os seus conceitos práticos.

A guarda unilateral foi frequentemente utilizada, no sistema jurídico, até a introdução da guarda compartilhada no Código Civil, em 2008. Até então, o regime era prioritariamente unilateral materno, com a fixação de "visitas" quinzenais para o pai. Esse é um quadro que reflete uma sociedade pautada na lógica de que as mulheres sempre foram responsáveis pelos cuidados da casa, e os homens, pelo sustento.

Ocorre que é necessário reconhecer que desde a Lei do Divórcio, já mencionada neste trabalho, pudemos identificar a força do movimento feminista, que trouxe um novo olhar, a partir de conquistas que chegaram até o mercado de trabalho.

A Constituição Federal de 1988 possibilitou o tratamento igualitário para homens e mulheres, do ponto de vista formal. Além disto, como mencionado, houve uma mudança de olhar sobre a família, com avanços significativos em sua interpretação, que culminou, inclusive, com uma maior conscientização sobre responsabilidades parentais.

Do ponto de vista material, acompanhamos mulheres participando efetivamente do mercado de trabalho e, ainda, da economia doméstica. Contudo, um dado real é o de que a mulher ainda acumula a tripla jornada, da atividade doméstica não remunerada. A guarda compartilhada surge, então, no movimento de incluir uma participação efetiva de ambos os pais na rotina dos filhos, com a atribuição de tarefas a serem executadas por cada um, culminando com a participação mais cotidiana daqueles nas atividades destes.

Em 2008, o termo foi inserido pela Lei 11.698 como preferencial e, em 2014, pela Lei 13.058, se reafirmou essa preferência. Isso porque, em um primeiro momento, a interpretação dada à guarda compartilhada foi de que ela somente se viabilizava nos casos em que houvesse diálogo entre as partes, conduzindo sua indicação apenas para aquelas hipóteses em que já havia consenso.

Contudo, o grande objetivo da guarda compartilhada sempre foi o de ampliar a participação dos pais na rotina dos filhos, distribuindo responsabilidades, ainda que ausente o diálogo. Talvez o termo "compartilhar" tenha trazido consigo a sensação de que seria necessário o consenso, o diálogo e, portanto, um bom convívio entre os genitores.

Na prática, então, a guarda unilateral seria a atribuição das responsabilidades parentais mais concentradas em um dos genitores, cabendo ao outro o dever de fiscalização desse exercício, cumulada com um modelo de convivência estabelecido judicialmente.

O termo "visitas", importante que se destaque, sempre utilizado do ponto de vista cultural, deveria deixar de existir por completo. Isso porque não representa o verdadeiro sentido da convivência familiar. Desde 1988, a Constituição Federal previu como dever da família, sociedade e Estado a convivência familiar, no seu art. 227, reforçando essa ideia de afastar cada vez mais a expressão "visitas".

Em relação à guarda compartilhada, o legislador tentou defini-la como a distribuição de um tempo de convívio igualitário entre os pais, que aqui podem ser pai e mãe, pais ou mães, apesar do Código ter se limitado a mencionar casais heteroafetivos.

Então, teríamos um modelo de guarda exclusiva, com deveres parentais concentrados em apenas um dos pais, e um regime de convivência aparentemente mais restrito, que chamamos de unilateral; e um outro modelo, no qual ambos participam de forma mais efetiva, "dividindo o tempo" de convivência com a criança.

Nesse segundo caso, é importante que se diga que a guarda compartilhada tem um conceito distante da guarda alternada. Isto, para que não se pense que a guarda compartilhada estaria bem representada pela mera divisão matemática de semanas, com alternância de residências entre as casas de cada um dos pais. Mais do que isto, a guarda compartilhada é um complexo sistema, onde os pais devem priorizar a rotina da criança ou do adolescente, e acompanharem essas atividades. O compartilhar, então, não está num modelo "livre" de convivência, ou no necessário contato entre os pais. Ao contrário disso, há um plano de convívio, respeitando a rotina dos filhos, onde cada um dos pais assume responsabilidades, ou dias, que lhe permitam estar presentes no cotidiano.

É, portanto, o modelo que melhor representa o sentido de poder familiar, com a participação dos pais de forma efetiva na rotina dos filhos, distanciando, de uma vez por todas, a convivência, das "visitas".

Para qualquer dos dois modelos, a guarda poderá ser definida em acordo. Então, numa circunstância em que um casal resolve pôr fim à conjugalidade ou, simplesmente, regulamentar a guarda judicial dos filhos, ela poderá, consensualmente, ser unilateral ou compartilhada. Essa regra que permite que os pais escolham o regime mais adequado, parece desvirtuar um pouco a lógica de que o maior interesse deveria ser da criança, na medida em que permite que os pais acordem sobre o modelo mais adequado para "eles". A respeito da mudança de viés da guarda, Elisa Cruz (2021) pontua: "Ressignificada, a guarda é uma relação tríade, composta por pais e filhos e funcionalizada para o atendimento dos interesses destes últimos".

Contudo, quando a demanda judicial não for consensual, a guarda deverá ser compartilhada, salvo nas hipóteses em que o juiz identificar que ela não atende aos interesses da criança ou do adolescente (art. 1.584, inciso II do CCB) ou quando um dos pais "declinar" da guarda compartilhada (art. 1.584, §2º do CCB).

Aqui é importante salientar que o legislador parece facultar aos pais a escolha por um regime de guarda, quando, em verdade, essa orientação deveria partir do conceito de melhor interesse da criança, que é uma premissa com força de norma constitucional.

Guarda compartilhada como regime indicado para demandas consensuais ou conflituosas

Como mencionamos no item anterior, a guarda compartilhada será o regime indicado para demandas consensuais ou conflituosas. Aqui evitamos utilizar a terminologia "litigiosa", para que não haja qualquer relação com o ultrapassado conceito de culpa pelo fim do relacionamento.

Quando a família se transforma, é necessário definir as atribuições parentais em um modelo sem conjugalidade. A busca pela demanda judicial é importante para formalizar o plano parental definido pelas partes. Isso porque, por mais consensual e dialogado que seja, é necessária a participação estatal para garantir a proteção dos interesses da criança e do adolescente. Para exemplificar, um modelo de convivência que estabeleça que a criança estará com a genitora integralmente, cabendo ao genitor uma "visitação livre", não assegura o interesse da criança, porque essa convivência "livre" pode, simplesmente, não acontecer, ou ainda, acontecer de forma danosa para a criança. E é nesse momento que o Estado, por meio do Poder Judiciário, precisa intervir para assegurar um regime de convivência que atenda aos interesses dessa criança.

Havendo consenso, o ideal é que se estabeleça um regime de convivência, a fixação de uma residência para a criança, inclusive para fins de foro competente; e que haja flexibilização entre os pais para ajustes que porventura venham a surgir. Além disso, identificar pontos específicos daquele plano de convivência, como atividades curriculares, extracurriculares e também as questões individuais de cada família.

Na hipótese de ausência de diálogo, como nas demandas não consensuais, em casos de violência doméstica, ou ainda, de alienação parental, entra a necessidade de uma definição judicial dessa convivência familiar.

Ainda em circunstâncias adversariais, a guarda compartilhada se revela importante, porque preserva intacta a convivência entre pais e filhos e, especialmente, os deveres parentais. Mais do que compartilhar o convívio, a guarda tem sua importância na distribuição de atribuições, afastando a ideia de que caberia às mulheres a exclusividade do cuidado. Compartilhar a guarda é compartilhar obrigações. É dessa comunicação de deveres que encontramos o verdadeiro sentido da parentalidade, na participação ativa na rotina, educação, demandas de saúde e na integração da criança com a sociedade.

A guarda unilateral, então, deveria ser utilizada tão somente em situações de risco para a criança. Isso porque, embora não seja o ideal, a guarda compartilhada atualmente pode se estabelecer até mesmo em situações de distância física. Os recursos tecnológicos possibilitam o contato virtual e o compartilhamento de decisões.

Despir-se dos preconceitos e da cultura de que a guarda compartilhada é um regime que só se aplica no consenso, que depende de diálogo, é um passo que foi dado pelo legislador, na busca da aceitação social. Quebrar esses paradigmas, no entanto, é desafiador, porque depende da mudança cultural. Essa cultura ainda faz com que apenas um terço das guardas seja compartilhada, um número tímido diante de um modelo preferencial e, na maioria dos casos, mais benéfico para a criança.

Por essa razão, resguardar a criança em uma ambiência de compartilhamento, a coloca em um lugar – verdadeiro sentido da família – seguro, de ampla convivência familiar e, sobretudo, de realização do sentido do melhor interesse da criança e do adolescente.

Referência

CRUZ, E. C. *Guarda parental*: releitura a partir do cuidado. Rio de Janeiro: Editora Processo, 2021.

18

PROCESSOS DE NEGATÓRIA DE PATERNIDADE

O OLHAR DA PSICOLOGIA PARA AS RELAÇÕES SOCIOAFETIVAS

A pluralidade das relações familiares tem trazido ao Judiciário demandas diversas, dentre elas, a negação da paternidade registral e o reconhecimento da paternidade socioafetiva. Em ambas as perspectivas, o afeto é tido como constituinte da relação de filiação. A psicologia, enquanto ciência, é chamada a avaliar a vinculação afetiva e a representação psíquica do referencial paterno junto à criança ou ao adolescente.

MARIA DO CARMO GUEDES E MARCELLA PEDROZA

Maria do Carmo Guedes

É psicóloga jurídica do TJPE desde 2011, com atuação em vara de penas e medidas alternativas e em vara de família. Atua no CAP-TJPE desde 2019. Graduada pela Universidade Federal do Rio Grande do Norte, com pós-graduação em Psicologia Organizacional na UNICAP.

Contato
carminha115@hotmail.com

Marcella Pedroza

É psicóloga jurídica do TJPE desde 2012, com atuação em perícias de varas de família, graduada pela Universidade Federal de Pernambuco, mestre em Psicologia pela Universidade Federal de Pernambuco, pós-graduada em Conciliação, Mediação, Arbitragem e Negociação.

Contato
marcella.gymena@gmail.com

Processos de negatória de paternidade: o olhar da psicologia para as relações socioafetivas

A avaliação psicológica em varas de família traz um leque de intervenções que dependem, em parte, do tipo de ação que motiva o estudo. Apesar disso, há elementos comuns que norteiam a intervenção e a compreensão dos processos analisados.

O entendimento pelos quais a paternidade e maternidade não podem ser compreendidas apenas sob uma ótica genética realça a importância do afeto nas relações entre pais e filhos. Com essa demanda, a função da avaliação psicológica será descrever a presença dos atuais vínculos, as representações socioafetivas e as possíveis intenções subjacentes à reivindicação jurídica (Silva & Rovinski, 2020).

Os dados devem revelar, através do estudo psicológico, elementos que possam subsidiar a decisão judicial, cuja sentença será baseada nos meios de prova constantes no processo, dentre eles, o próprio laudo.

O laudo psicológico é regulamentado e orientado pela Resolução do Conselho Federal de Psicologia n.º 06/2019, que o define como o resultado de um processo de avaliação psicológica, com a finalidade de subsidiar decisões relacionadas ao contexto em que surgiu a demanda[1].

1 CFP, 2009, art. 13.

Na prática, variados instrumentos psicológicos podem ser utilizados. Após a análise dos autos, traçamos um planejamento e buscamos ouvir pessoas próximas das crianças ou adolescentes envolvidos, por meio de entrevista semiestruturada (individual ou conjuntamente).

Dentre os vários processos (guarda, regulamentação de convivência, curatela, alienação parental), a motivação deste texto é discutir a ação de negatória de paternidade, suas manifestações e consequências psicológicas nas demandas dirigidas ao judiciário.

Na busca por garantir a preservação dos direitos de crianças e adolescentes, ante as solicitações que chegam às Varas de Família, os juízes verificam previamente a complexidade dos processos e solicitam que se analise a existência de vinculação afetiva do filho para com o pai, ainda que já tenha sido descartada a ligação biológica, através do exame de DNA.

Nesse percurso, vemos que dados pretensamente objetivos não são, necessariamente, garantia do exercício de parentalidade. Assim, nos deparamos com situações em que, apesar de contatos esporádicos entre pai e filho, a representação que o pai exerce no filho extrapola a dimensão de espaço e de tempo e se insere no campo psíquico do sujeito.

Nomeadas por negatória, investigação ou mesmo por contestação de paternidade, as ações são no geral encabeçadas por pais registrais. A justificativa alegada em petições desse tipo de processo está geralmente atrelada à dúvida sobre a origem biológica do filho. Parte-se da premissa de que este foi registrado numa época em que se acreditava que havia uma vinculação biológica, tendo havido ou não uma convivência entre pai e filho.

Temos também processos encabeçados pela genitora ou, ainda, por um suposto pai. Nesse último caso, defendendo a hipótese de ser o pai biológico e se vendo alijado do registro de nascimento do pressuposto filho, o solicitante pretende que seja feita a investigação de paternidade com a possibilidade de inclusão de seu nome no registro civil da criança/adolescente. Quando a solicitação parte da mãe, observamos que, aos olhos desta, o pai não assumiu o lugar desejado de pai para o seu filho.

Mais recentemente têm surgido processos de autoria dos próprios filhos, já adultos, solicitando a retirada do pai dos seus documentos, por se sentirem abandonados afetivamente por este.

O filósofo Zygmunt Bauman utilizou a metáfora do "líquido" como representante da fluidez e volatilidade do mundo globalizado, características que se infiltraram nas relações sociais e nos relacionamentos amorosos. Observou-se certo esgarçamento nas relações, sendo o "amor líquido" o desejo das pessoas de vivenciar o afeto, mas sem compromisso, mantendo-se os laços fluidos o suficiente para que a busca por relações continue sendo a força motora. O desapego passa a ser um instrumento de versatilidade, e as pessoas acabam conseguindo apoio numa sensação potencial de eterno recomeço (Bauman, 2001).

Vivenciando esse universo de liquidez, e não de solidez – marcado pela ideia de renovação e inovação, onde as pessoas tendem a se relacionar mais por meio de aparelhos eletrônicos –, estariam os pais e crianças do século XXI mais aptos a lidar com a efemeridade e instabilidade, sobretudo a eventual mudança de pai? O que, enfim, torna alguém pai?

As relações familiares e o afeto

Com a Constituição Cidadã, de 1988, a paternidade ganhou nova dimensão com a flexibilização das normas relativas às entidades familiares. O artigo 227, em seu inciso 6, diz que: "Os filhos, havidos ou não da relação de casamento, ou por adoção, terão os mesmos direitos e qualificações, proibidas quaisquer designações discriminatórias relativas à filiação". O lugar da primazia que a relação de consanguinidade ocupava abriu espaço para o pai que investe no exercício dessa função.

Se na subjetividade contemporânea as certezas foram banidas, espera-se que o pai atenue as indefinições dos filhos. Figuras de ficção, como Frankenstein e os androides de *Blade Runner*, retratam rebentos cujos criadores os idealizaram na expectativa de celebrar a potência paterna, mas que não zelaram por suas criaturas. Esses filhos seguem reivindicando o seu lugar na vida dos pais, persistindo em mostrar que pai é aquele que educa, em variados sentidos, e não aquele que gera (Corso & Corso, 2011).

É no seio familiar que ocorrem as interações que permitirão a construção de identificações, cada um com seu papel e com a sua importância. Assumir-se pai inclui expectativas e cobranças dirigidas ao filho, assim como do filho para com este. Para a psicanálise, o pai não se esgota enquanto figura biológica, mas pode representar uma figura de autoridade e limite, que possibilite a entrada da criança no mundo simbólico e da ordem cultural.

Assim sendo, o exercício da parentalidade é perpassado sob os cuidados dedicados, a construção de referências e a interação, compondo a análise do psicólogo para a identificação ou não do vínculo socioafetivo entre o pai e a criança/adolescente. Nessa visão, compreende-se que a parentalidade se refere aos laços que se desenvolvem, caracterizando para a criança uma representação estruturante na vida psíquica, acolhendo-a e respondendo às necessidades físicas como também emocionais (Zimerman & Coltro, 2010).

Independentemente do momento em que o pai decidiu registrar alguém como filho, partimos do pressuposto de que houve um desejo em fazê-lo. Ao nomeá-lo como filho, há um investimento simbólico, uma espécie de encontro do indivíduo, designado por um prenome, com uma linhagem familiar, por meio de um sobrenome, que lhe dará um caráter de exclusividade (Mantovani, 2016).

Diante do rompimento matrimonial, observamos que muitos pais apresentam dificuldade em exercer a paternidade e agem no sentido de anular a família que montaram, até como pressuposto para iniciar uma nova família. O filho aparece como resquício de um relacionamento que não deu certo. Mantendo-se a distância do filho ou retirando-se da paternidade, busca-se esquecer o relacionamento conjugal que lhe deu origem. Em casos assim, costuma haver o distanciamento da relação pai/filho, o que pode fragilizar os vínculos já construídos.

As crianças e adolescentes ouvidos manifestam formas diversas de lidar com o assunto da destituição da paternidade. Há contextos em que as famílias se reconstruíram, há filhos que mantiveram o contato com o suposto pai e outros que não se recordam do nome deste, embora conste em seu registro de nascimento. Há os que cogitam reencontrá-los e outros que nem pensam nessa possibilidade, diante da ofensa que sentem perante a interposição do processo.

Ao entrevistar um adolescente que vivenciava um processo de paternidade, já foi presenciada a seguinte pontuação: "se ele quer assim, é porque não me vê como filho, então, de nada adianta vê-lo como pai". Em casos assim, ainda que o juiz pondere a formação de vínculo e mantenha o pai registral, observamos que essa decisão talvez não dilua o desgaste que o processo gerou.

Analisar o histórico familiar, desde a época em que o pai convivia com o filho (participação na rotina diária, educação, cuidados básicos) até o motivo que resultou no processo judicial, revela dados para a análise psicológica. Isso porque compreende-se que a paternidade é uma função que se exerce não necessariamente pelo pai registral, uma vez que a identidade é construída segundo o contexto em que as vivências se inserem (Pelisoli & Peixoto, 2021). Ainda assim, a afetividade que não se apresentou inicialmente poderá ser construída na relação entre pai e filho caso haja abertura de ambos para isso.

As mudanças no entendimento do conceito de família, ao longo dos anos, e das suas diversas formas de configurações nos fazem refletir sobre a prevalência da qualidade do relacionamento entre seus membros. A socioafetividade é um termo relativamente recente na compreensão da família no meio jurídico. Estudos e práticas devem ser difundidos e adaptados ao sistema legal, articulando saberes e inquietações. A negatória de paternidade, por conseguinte, é um tema delicado para os profissionais, pelo fato de vir atado ao sentimento de rejeição, abandono e luto.

É curioso observarmos que muitas questões trazidas pelos pais em relação à paternidade dizem respeito às suas próprias vivências subjetivas como filhos. Há situações em que se replica aquilo que foi vivenciado, havendo semelhanças de um padrão, a ser atualizado em sua paternidade.

Entender e situar o desejo do pai e a situação emocional em que o filho se encontra vêm se tornando um desafio cada vez mais comum às equipes psicossociais do judiciário. Eles carregam consigo questões que englobam, mas não se esgotam na dimensão prática, promovendo rebatimentos frequentes nos arranjos subjetivos e familiares que dependem da importância que o lugar paterno assume para o filho.

Nesse sentido, eleger a singularidade desse lugar em nossa escuta torna-se fundamental em processos que envolvem negatória de paternidade e paternidade socioafetiva, como meio de se localizar a posição que o desejo de filiação e paternidade ocupa para as personagens do contexto familiar.

Referências

BAUMAN, Z. *Modernidade líquida*. Rio de Janeiro: Zahar, 2001.

BAUMAN, Z. *O mal-estar da pós-modernidade*. Rio de Janeiro: Zahar, 1998.

BRASIL. *Constituição da República Federativa do Brasil de 1988*. Brasília, DF: Presidência da República, 2016. Disponível em: http://www.planalto.gov.br/ccivil_03/Constituicao/Constituiçao. Acesso em: 13 ago. 2024.

CORSO, D. L.; CORSO, M. *A psicanálise na Terra do Nunca:* ensaio sobre a fantasia. Porto Alegre: Penso, 2011.

PADILHA, C. C. Quando o pai vira réu por alegação de abandono afetivo. *In*: BRITO, L. M. T. (orgs.). *Direito de família e psicanálise*: rumo a uma nova epistemologia. Rio de Janeiro: EdUERJ, 2008.

PELISOLI, C.; PEIXOTO, G. Quando os laços afetivos ultrapassam os consanguíneos: a filiação socioafetiva e o papel das perícias psicológica e social em seu reconhecimento jurídico. *In*: LAGO, V. M.; CATTANI, B. C.; EIDT, H. B.; BANDEIRA, D. R. (orgs). *Práticas interdisciplinares nas varas de família*. 1. ed. Belo Horizonte: Artesã, 2021.

SHINE, S. O conflito familiar transformado em litígio processual. *In*: AGOSTINHO, M. L.; SANCHEZ, T. M. (Orgs.) *Família:* conflitos, reflexões e intervenções. São Paulo: Casa do Psicólogo, 2002.

TESONE, J. E. Inscrições transgeracionais no nome próprio. *Jornal de psicanálise*, São Paulo, 42 (76), p. 137-157, jun. 2009.

MANTOVANI, N. P. Nomes e sobrenomes: a marca de um sujeito. *In*: Fórum Multidisciplinar, 2016, Apucarana. *Anais eletrônicos*. Apucarana: Faculdade de Apucarana. Disponível em:

https://www.fap.com.br/anais/congresso-multidisciplinar-2016/psicologia/nomes_e_sobrenomes_a_marca_de_um_sujeito.pdf. Acesso em: 10 jul. 2024.

SILVA, E.; ROVINSKI, S. A família no judiciário. *In*: TEODORO, M. L.; BAPTISTA, M. N. (orgs). *Psicologia de família:* teoria, avaliação e intervenção. 2. ed. Porto Alegre: Artmed, 2020.

ZIMERMAN, D.; COLTRO, A. *Aspectos psicológicos na prática jurídica*. São Paulo: Millennium Editora, 2010.

19

CASOS DE FAMÍLIA OU DE POLÍCIA?

Este capítulo apresenta histórias de famílias que protagonizam tramas processuais criminais marcadas por acusações recíprocas e acabam negligenciando as necessidades dos filhos. Pais, mães, psicólogos, assistentes sociais e operadores do direito poderão refletir sobre estratégias para evitar a perpetuação de disputas contraproducentes que mais desprotegem do que garantem direitos.

MARIANA SARMENTO LIRA

Mariana Sarmento Lira

Psicóloga clínica e jurídica. Graduada e mestre em Psicologia pela Universidade Federal de Pernambuco. Psicóloga do Tribunal de Justiça do Rio de Janeiro. Doutoranda em Psicologia Social pela Universidade do Estado do Rio de Janeiro. Bacharel em Filosofia e Direito.

Contatos
marianaslira@hotmail.com
81 99265 6910

Trabalhar como psicóloga perita na área criminal é desafiador. É preciso estudar os autos do processo, realizar procedimentos de avaliação próprios da psicologia e elaborar documentos que serão apreciados pelos operadores do direito. No setor onde trabalho, a maioria dos processos recebidos são alegações de maus tratos, suspeitas de abandono de incapazes, queixas de violência e denúncias de violência sexual intrafamiliar contra crianças e adolescentes. O trabalho consiste em escutar histórias e acompanhar famílias envolvidas em notícias de crimes ou de contravenções penais de menor potencial ofensivo. Neste capítulo, apresento famílias que se emaranharam em tramas processuais criminais marcadas por acusações recíprocas[1].

Durante as entrevistas psicológicas que realizo diariamente, predomina um discurso polarizado: de um lado o "requerente da ação", que se considera plenamente inocente, e, do outro, o suposto "autor do fato criminoso", pessoa indicada como desprovida de virtudes. A construção dessas narrativas, entretanto, é superficial e alicerçada em uma tentativa de convencimento de que o entrevistado é uma "pessoa de bem" e de que, no outro pólo da ação, estão presentes comportamentos evidentes de negligência ou crueldade.

1 Os casos apresentados são baseados em fatos reais, contudo, optei pelo uso de nomes fictícios a fim de preservar a intimidade e o respeito às pessoas envolvidas.

Muitas vezes, o fio condutor das falas de homens envolvidos nesses procedimentos é o de que a lei e o processo estariam contaminados com vieses de gênero prejudiciais aos homens. Percebe-se também o uso recorrente de questionamentos sobre a sanidade mental das mães de seus filhos e tentativas de desqualificá-las como mulheres vingativas. As mulheres, por seu turno, colecionam narrativas sobre violências de toda sorte: física, psicológica, patrimonial, sexual e processual. São recorrentes argumentos caracterizando os ex-companheiros como ciumentos e controladores. Há ainda insinuações de que as tentativas de modificar o regime de guarda dos filhos têm o objetivo de driblar as obrigações de natureza alimentar.

Frequentando balcões policiais e protagonizando batalhas documentais, as trajetórias dessas famílias foram marcadas por rompimentos, prisões e exposição. E, pelo alto grau da litigância, as necessidades dos filhos se tornaram questão menor. Busca-se refletir sobre estratégias para evitar a perpetuação de disputas contraproducentes que mais desprotegem do que garantem direitos.

Quando a punição não se converte em proteção

Lembro-me de que um dos primeiros casos nos quais atuei se tratava de uma queixa de maus tratos ajuizada por João, contra Maria. Na prática, era apenas uma das peças de um enorme quebra-cabeças processual. Separados há quatro anos, os dois colecionavam procedimentos judiciais. O juízo de família havia estabelecido o regime de guarda compartilhada, todavia, desde a separação, eles não conseguiam conversar sobre Pedro, único filho em comum do ex-casal. Durante as entrevistas, alegações de que eram vítimas, entre outras acusações, da má-fé no uso das medidas protetivas, de episódios de violência doméstica, psicológica e patrimonial, além de queixas e crimes de vias de fato, injúria, denunciação caluniosa, alienação parental, danos morais, perturbação da tranquilidade, entre outros tipos legais.

Havia também impasses importantes relacionados aos cuidados dirigidos a Pedro, diagnosticado com um transtorno raro do neurodesenvolvimento. Discordava-se sobre as terapêuticas indicadas, sobre os profissionais envolvidos no tratamento e sobre a rotina do acompanhamento multidisciplinar que o filho demandava. E, em razão do alto grau de beligerância instaurado, Pedro frequentava clínicas diferentes, terapias duplicadas. A história daquele pai ficou marcada e sua voz ecoou por alguns dias em minha mente: "não pude levar meu filho para as terapias porque passei seis dias preso com 140 homens desconhecidos". Fatalmente, aquele não foi o único caso com o qual me deparei no qual a punição não se converteu em resolução.

Ao longo dos anos, surgiam casos semelhantes que nem sempre resultavam em proteção ao melhor interesse dos filhos. Desde então, me pergunto sobre possibilidades de intervenção que minimizem repercussões negativas à vida de pessoas em condição peculiar de vulnerabilidade.

E viveram litigando para sempre...

Acompanhando outra família, conheci a história dos pais de Enzo. Paulo havia realizado um registro de ocorrência policial no qual alegava que a mãe de seu filho possuía o hábito de lhe cortar as unhas das mãos até que sangrassem. Contudo, quando perguntado sobre quantas vezes ela havia machucado as unhas do filho, respondeu que havia sido um acontecimento pontual. Ele próprio jamais havia cortado as unhas do filho, pois os encargos do cuidado naquela família recaíam sobre as mulheres há muitas gerações.

Paulo descrevia Fernanda, sua ex-companheira, como desequilibrada. Afirmava que ela "gostava muito de festas e baladas", convicto de que tais hábitos a tornariam mais suspeita. As peças juntadas no processo continham um excesso de exposição da intimidade de Fernanda, em um esforço em desqualificá-la moralmente, como mulher e como mãe. Em contrapartida, Paulo se considerava como uma figura de cuidado, pois, recentemente havia começado a custear tratamento psicológico a Enzo. Na versão da mãe de Enzo, outro lado da história veio à tona. Havia uma diferença de classe social e de idade entre o ex-casal. Os dois eram militares, mas Paulo era quinze anos mais velho e possuía uma patente muito superior à de Fernanda. O relacionamento havia sido conturbado desde o início, pois o ex-companheiro era "ciumento, controlador e violento". Com o nascimento de Enzo, a relação piorou e o rompimento ocorreu após a primeira agressão física.

Apesar da separação alegada, os dois seguiam juntos, emaranhados em inúmeros processos: na justiça comum e militar. Era rotina frequentar conselhos tutelares, delegacias e fóruns. Enzo já havia sido ouvido por psicólogos e assistentes sociais, em pelo menos três processos diferentes. Naquele estágio do conflito, acontecimentos cotidianos se tornavam munição para perpetuar a beligerância do processo. Uma queda, um atraso escolar, um aumento na taxa do colesterol, uma nota abaixo da média, uma virose sazonal – tudo era apontado como negligência materna.

Chamaram a atenção na análise documental dos autos duas declarações e um relatório da psicoterapeuta de Enzo com informações pouco precisas, e eticamente questionáveis, uma vez que Fernanda nunca havia sido escutada pela profissional. Aos psicólogos clínicos que são solicitados, por seus clientes, a produzir documentos para justiça, sugere-se avaliar com cautela tais pedidos, considerando os limites e possibilidades de sua atuação. Afinal, segundo Costa (2023, p. 197), tratam-se de documentos com força para interferir na dinâmica da família e, muitas vezes, "mudar os rumos das relações familiares até então estabelecidas". Deve-se ter em mente os "efeitos de verdade" de tais documentos, uma vez que podem influenciar as decisões judiciais.

A impossibilidade da tutela judicial dos afetos

Há ainda casos nos quais os vínculos entre pais e filhos estão esgarçados. Conheci Alice quando seus pais, Melina e Mauro, não se falavam e já não havia mais motivação para tentativas de mediação. Melina havia buscado a delegacia de proteção à criança e adolescente alegando que sua filha, de 13 anos, era vítima de violência psicológica perpetrada pelo pai. A adolescente já se queixava do pai há alguns meses, mas a gota d'água foi o episódio no qual ele teria quebrado, violentamente, o celular da filha.

Ao escutar Alice, logo percebi o quão prejudicado estava aquele vínculo. Ela se negava a frequentar a casa dele, resistia às suas tentativas de aproximação, mesmo por meios remotos. Mauro, por sua vez, creditava o comportamento de recusa de sua filha à suposta campanha de alienação parental perpetrada pela mãe em seu desfavor. Segundo Mauro, Melina se considerava "a dona de Alice", criando regras intransigentes e forjando compromissos familiares, ou doenças, para impedir sua convivência com a filha, o que não foi confirmado pela perícia.

Havia um vasto histórico de violência doméstica entre Melina e Mauro. Alice havia presenciado várias agressões e contou diversas situações nas quais o pai era ríspido e pouco afetuoso com ela própria. Queixou-se de que o pai fazia brincadeiras inadequadas, nas quais não respeitava suas opiniões, nem os limites que tentava impor, por isso preferia se manter distante dele. Inconformado, Mauro se dirigia à escola da filha para interrogá-la sobre o processo, sempre tentando gravar as poucas interações que mantinha com a adolescente.

Nas entrevistas com Mauro, era possível perceber seu esforço em provar sua inocência. Levou consigo mídias, transcrições de áudios da filha e da ex-companheira, além das capturas de telas de muitas conversas com as duas. Contudo, lamentavelmente, naquele caso, mesmo se conseguisse provar que não havia cometido violência psicológica contra a filha, seu relacionamento com ela estava afetado. Aos pais que enfrentam a recusa de seus filhos para a manutenção da convivência, recomenda-se que não os pressionem objetivando produzir provas. Evitem vídeos, gravações e interrogatórios dirigidos aos filhos.

A família entre os balcões policiais e gabinetes no tribunal

Há famílias que chegam ao tribunal, mas não encontram recursos para sair dele. Iniciam a disputa nas Varas de Famílias e se engalfinham em delegacias, juizados e Varas Criminais. Em algumas disputas de guarda, por exemplo, duelos de narrativas são travadas a fim de se apresentar ao juiz como o detentor das melhores "habilidades parentais". E, em paralelo, colecionam-se argumentos de desqualificação e tentativas de se imputar fatos criminosos ao outro genitor. Muitas das vezes, na tentativa de provar a culpabilidade do outro, o bem-estar do filho em comum deixa de ser prioridade.

Tenho atendido famílias que passam anos entre inquéritos, perícias, papéis e processos; e que buscam assessoria com advogados, psicólogos clínicos, assistentes técnicos[2]. Tais profissionais guardam um importante papel nessas demandas: podem apaziguar ou inflamar, mediar ou acirrar os conflitos. Como orientação preventiva à perpetuação de batalhas judiciais dessa natureza, aponta-se: não inflamem seus clientes

2 O assistente técnico é o profissional da psicologia, de confiança da parte, capacitado a questionar tecnicamente a análise e as conclusões apresentadas pelo perito indicado pelo juiz.

a produzirem provas se a busca por elas colocar em risco a conexão emocional e o pouco tempo de convivência que possuem com os filhos.

Aos profissionais da psicologia que atuam como peritos, assistentes técnicos ou psicoterapeutas: sejam criteriosos, ética e tecnicamente. Relembremos o que preceitua o nosso código de ética profissional (Conselho Federal de Psicologia, 2005), convocando-nos a considerar as relações de poder nos contextos em que atuamos e os impactos dessas relações sobre as nossas atividades profissionais. Nesse sentido, sugere-se que a avaliação de cada caso se dê sob as lentes da interseccionalidade. De acordo com Hirata (2009, p. 20), a interseccionalidade vai além do simples reconhecimento da multiplicidade dos sistemas de opressão e considera a possibilidade de interação entre tais marcadores na produção e na reprodução das desigualdades sociais. Consideremos, pois, o enfoque integrado dos marcadores sociais das diferenças de classe, raça, gênero, sexo.

A avaliação psicossocial de casos dessa natureza deve resistir à superficialidade da premissa de que o conflito decorre de mero resquício da "conjugalidade desfeita". A "conjugalidade mal resolvida" não é capaz de explicar sozinha fenômenos psicossociais mantenedores de sistemas de opressões naturalizados. Há de se considerar em cada caso, por exemplo, a sobrecarga das mulheres com o trabalho doméstico e de cuidado, a naturalização de violências de gênero e demais heranças do patriarcado, a vulnerabilidade econômica e o empobrecimento de mulheres após o divórcio, entre outros fenômenos que compõem o pano de fundo das disputas de guarda dos filhos.

Referências

HIRATA, H. Gênero, classe e raça: interseccionalidade e consubstancialidade das relações sociais. *Revista de sociologia da USP*, 2014.

CONSELHO FEDERAL DE PSICOLOGIA. *Resolução CFP 010/05* – aprova o código de ética profissional do psicólogo. Brasília, DF: CFP, 2005, 2005.

CONSELHO FEDERAL DE PSICOLOGIA. *Resolução 008/2020* – Dispõe sobre a atuação do psicólogo como perito e assistente técnico no poder judiciário. Brasília, DF: CFP, 2010.

COSTA, C. L. Da escuta à escrita: a palavra da criança nos laudos. *In*: LOURENÇO, A. S.; ORTIZ, M. C. M.; SHINE, S. K. (orgs.). *Produção de documentos em psicologia*: práticas e reflexões teórico-críticas. 2. ed. São Paulo: Vetor Editora, 2021.

20

CAMINHOS PARA A RESOLUÇÃO DE CONFLITOS

À medida que enfrentamos desafios, somos impelidos a aprimorar nossa capacidade de comunicação, empatia e resolução de problemas, contribuindo assim para o nosso desenvolvimento pessoal. Nesse contexto, a mediação surge como uma abordagem valiosa, proporcionando um espaço para que as partes envolvidas em uma disputa se direcionem para a resolução pacífica dos conflitos.

MICHELE TROGLIO

Michele Troglio

Advogada especialista em mediação de conflitos. Terapeuta e orientadora familiar. Sócia-diretora do Instituto de Ensino, Pesquisa e Atendimento Individual e Familiar (InTCC Rio). Coordenadora do Ambulatório de Atendimento Psicológico do InTCC Rio. Especialista em orientação familiar e educação parental. Coordenadora do Núcleo de Orientação Familiar (N.O.F.) e do Grupo Omnus de Habilidades Parentais. Coordenadora do curso de especialização em Orientação Familiar e Educação Parental e do curso de especialização em ACT do InTCC Rio. Sócia-diretora do Congresso Brasileiro de Terapia Cognitiva na Infância e Adolescência (ConCriArt). Responsável pelos cursos do Programa Omnus de Orientação Familiar e do Programa Omnus na Escola. Autora do *Baralho Omnus: programa de habilidades socioemocionais*, da *Maleta de atividades do universo Omnus* e do livro *Omnus – atlas das competências socioemocionais* com coautoria de Flávia Moraes. Coautora dos livros *Orientação Familiar*, vols. 1, 2 e 3 e do Box *Intenção de mãe*.

Contatos
contato.dinamicart@gmail.com
Instagram: @micheletroglio
@universo.omnus
21 99852 3396

Michele Troglio

Todos dizem o quão violento é o rio, mas ninguém diz das margens que o comprimem.
B. Brecht

Conflitos são uma parte inevitável da experiência humana. Eles surgem como resultado das diferenças individuais, expectativas variadas e desafios que enfrentamos em nossas vidas. Embora possam ser momentos de tensão e desconforto, é importante reconhecer que as divergências também oferecem oportunidades significativas de crescimento, aprendizado e transformação.

Quando nos deparamos com conflitos, somos desafiados a buscar soluções criativas e a desenvolver habilidades de comunicação eficaz. A resolução bem-sucedida dessas confrontações muitas vezes requer empatia, compreensão e a capacidade de considerar perspectivas diferentes. Essas habilidades não apenas fortalecem nossos relacionamentos interpessoais, mas também contribuem para o nosso crescimento pessoal.

Contudo, quando os conflitos atingem um ponto crítico, é comum que as partes envolvidas busquem a resolução por meio do sistema judiciário, embora nem sempre essa seja a opção mais adequada. O sistema judicial, apesar de importante, pode ser lento, dispendioso e frequentemente não leva em consideração as dimensões emocionais e relacionais que cercam esses conflitos. É nesse cenário que a mediação emerge como uma alternativa valiosa e eficaz para a resolução de conflitos. Trata-se de um processo voluntário, no qual as partes envolvidas, com a orientação de um mediador imparcial, buscam ativamente chegar a um acordo que seja mutuamente satisfatório.

A mediação diferencia-se do processo judicial, pois coloca as partes no cerne do processo decisório. Isso permite que elas expressem abertamente seus sentimentos, preocupações e interesses de maneira construtiva, sem as formalidades e adversidades frequentemente encontradas nos tribunais. Nesse contexto, os psicólogos e advogados desempenham papéis fundamentais. Os psicólogos ajudam a compreender as complexidades emocionais e psicológicas envolvidas, facilitando uma comunicação eficaz e auxiliando na gestão das emoções, pensamentos e crenças durante a mediação. Por outro lado, os advogados oferecem orientação legal, garantindo que os direitos das partes sejam respeitados e que qualquer acordo alcançado seja juridicamente sólido.

Além das mediações extrajudiciais, os Centros Judiciários de Solução Consensual de Conflitos e Cidadania (CEJUSCs) representam uma iniciativa relevante do Poder Estatal para promover a mediação e a conciliação como alternativas viáveis ao litígio judicial. Esses centros fornecem um ambiente propício para a realização de sessões de mediação, com mediadores qualificados e capacitados.

É comum o equívoco que se comete entre os conceitos de mediação e conciliação, mas, essencialmente, ambos são métodos autocompositivos, em que as partes buscam soluções consensuais. A diferença central está na atuação do terceiro envolvido. Na mediação, o mediador tem o papel de facilitar a comunicação e estimular o diálogo entre os interessados, sem oferecer sugestões ou opiniões. O objetivo é transformar conflitos em pontos de convergência, não necessariamente em concordância total. Na conciliação, o conciliador pode oferecer sugestões buscando chegar a um acordo, desde que respeite os interesses das partes envolvidas. Ambos os métodos têm o propósito de alcançar um acordo, contudo, distinguem-se na função desempenhada pelo terceiro, mediador ou conciliador.

É importante observar que, especialmente em questões familiares e relacionamentos próximos, a mediação se destaca como um processo que não apenas resolve os desentendimentos, mas também promove a melhoria das relações. Ao optar pela mediação em vez do litígio judicial, as partes envolvidas têm a oportunidade de trabalhar juntas na busca de soluções que atendam às suas necessidades específicas. Isso não apenas resolve o problema imediato, mas também fortalece a capacidade que as pessoas têm de se comunicar eficazmente e de lidar com futuros desafios de forma mais construtiva.

Dessa forma, é importante estabelecer a compreensão de que, embora os conflitos possam ser desafiadores, também podem ser catalisadores para o crescimento pessoal e melhoria das relações. A mediação, com seu foco na comunicação aberta e colaborativa, representa uma via valiosa para a transformação de conflitos em oportunidades de aprendizado e desenvolvimento humano.

No contexto dos conflitos e da mediação, as habilidades sociais desempenham um papel fundamental. A efetividade relacional e a regulação comportamental são elementos-chave quando se trata de resolver disputas de maneira construtiva. A mediação, como um processo de resolução de conflitos, exige que os interessados envolvidos desenvolvam e aprimorem suas habilidades sociais para expressar seus sentimentos e necessidades de forma clara e respeitosa, evitando culpas e críticas. Ao mesmo tempo, os mediadores precisam ser habilidosos na comunicação assertiva, facilitando o diálogo e a compreensão mútua entre as partes. Portanto, as habilidades sociais desempenham um papel essencial na eficácia da mediação como uma abordagem para a resolução de conflitos.

Dessa forma, a resolução de conflitos a partir da mediação possibilita a construção de relacionamentos saudáveis e eficazes, baseados na compreensão, empatia e respeito mútuo. No entanto, é importante ressaltar que a comunicação assertiva e validante não é uma habilidade inata, mas sim algo que pode e deve ser aprendido e aprimorado ao longo da vida. Desde a infância, é crucial ensinar às crianças como expressar seus sentimentos e necessidades de maneira clara e respeitosa.

Seguindo essa direção, a abordagem da comunicação não violenta, desenvolvida por Marshall Rosenberg (2019), se destaca como um modelo eficaz para aprimorar a comunicação validante. Essa abordagem se baseia na premissa de que todos têm sentimentos e necessidades legítimos, e que a expressão desses sentimentos e necessidades de forma não violenta pode levar a soluções pacíficas para os conflitos.

Para treinar essa habilidade de comunicação validante, é essencial seguir as orientações propostas por Rosenberg, que nos ensina a expressar nossos sentimentos e necessidades de forma objetiva, evitando culpas e críticas, enquanto recebemos empaticamente as expressões do outro, sem recriminações ou julgamentos.

> Quando te peço que me escutes e tu começas a dar conselhos, não estás fazendo o que te peço. Quando te peço que me escutes e tu me dizes por que não devo me sentir assim, estás querendo ferir meus sentimentos. Quando te peço que me escutes e tu imaginas que tens que fazer algo para resolver o problema, me desapontas, por estranho que pareça. Sendo assim, faça-me um favor, apenas me escute e tenta compreender-me. E se queres falar, espera uns minutos e eu te prometo que te escutarei.
>
> Léo Buscaglia

Para entendermos os comportamentos, é muito importante investigarmos o que está por trás das atitudes, dos hábitos, das ações e reações, da comunicação em geral, pois os comportamentos são motivados pelas emoções e pensamentos. Para essa investigação, é importante estar plenamente presente no momento, direcionando a atenção para os fatos que estão sendo vivenciados. A atenção plena, também conhecida como mindfulness, desempenha um papel essencial nesse processo. Ao praticar a atenção plena, podemos desenvolver a capacidade de nos observar, reconhecer nossos sentimentos e necessidades e estar conscientes de como nossas palavras afetam os outros. Manter uma postura compassiva consigo mesmo e com o outro é primordial para aprimorar a comunicação assertiva e buscar soluções construtivas para os conflitos.

Você sabia que, além da meditação formal, existem várias outras maneiras de praticar mindfulness no dia a dia? Você pode cultivar a atenção plena ao prestar atenção na respiração, nas sensações do corpo, nos sentidos, ao observar o sorriso de quem ama e ao realizar atividades rotineiras. Isso significa trazer consciência plena para cada momento, seja caminhando, comendo ou realizando tarefas, como desenhar, cozinhar, arrumar os brinquedos. Essas práticas ajudam a desenvolver a atenção plena e a estar presente no momento atual em diferentes contextos da vida diária.

Mindfulness é a consciência que surge quando prestamos atenção, intencionalmente, no momento presente, sem julgamentos.
Jon Kabat-Zinn

Conforme esclarece Marsha Linehan, mindfulness é o oposto de estar no "piloto automático", ou de agir apenas por hábito; tem a ver com a qualidade de consciência que uma pessoa leva para a vida cotidiana. É um modo de viver desperto, com os olhos bem abertos. Com um conjunto de habilidades, a prática de mindfulness é o processo intencional de observar, descrever e participar da realidade com uma postura não julgadora, fazendo uma coisa de cada vez e sendo efetivo (Linehan, 2018).

Essa abordagem nos convida a ajustar nossa rota, a mudar o curso das nossas interações, especialmente em situações de conflito e comunicação potencialmente violenta. A prática do mindfulness nos convida a deixar de lado o julgamento e a crítica, tanto em relação a nós mesmos quanto aos outros. Isso pode criar um espaço para a compreensão mútua, o respeito e a empatia. Quando aplicamos a consciência plena à comunicação, podemos ouvir mais atentamente, expressar nossos pensamentos e sentimentos com clareza e considerar as necessidades das outras pessoas. Dessa forma, podemos seguir na direção oposta à comunicação conflituosa e violenta, buscando soluções pacíficas e colaborativas.

> *Depois que nos livramos do peso do passado e da sombra do futuro, nós nos sentimos mais livres para viver e agir no presente.*
> William Ury

A comunicação validante e assertiva é um grande desafio para a humanidade e, para alcançá-la, precisamos estar dispostos a percorrer nossa trajetória com a postura de aprendizes, percebendo em cada erro uma oportunidade de crescimento. A assertividade é o meio do caminho entre a agressividade e a passividade. A validação é o caminho da aceitação de si e do outro.

> Quando somos agressivos, desrespeitamos a outra pessoa. Quando somos excessivamente passivos, permitimos que os outros nos desrespeitem (Greenberger & Padesky, 2018).

Desde a infância, passamos por diversas experiências que moldam nosso estilo de comunicação. Influências familiares, educacionais e culturais desempenham um papel importante na forma como aprendemos a nos comunicar. No entanto, é fundamental reconhecer que podemos mudar e desenvolver um estilo de comunicação mais efetivo.

Para mudar um padrão de comportamento de linguagem, é necessário primeiro reconhecer as próprias vulnerabilidades e usá-las como potenciais forças transformadoras. Isso significa estar ciente de nossas fraquezas e aprender a lidar com elas de maneira saudável. O amor-próprio desempenha um papel crucial nesse processo, pois nos ajuda a desenvolver autoestima e confiança em nós mesmos.

Além disso, é importante tomar consciência de que não somos perfeitos. Todos cometemos erros e enfrentamos desafios na comunicação. Aceitar essa realidade nos torna aptos a seguir na jornada de desenvolvimento pessoal, abertos ao aprendizado e à melhoria contínua. Isso nos permite cooperar de forma empática e compassiva com os outros, levando em consideração seus sentimentos e necessidades.

Portanto, a comunicação efetiva é um objetivo valioso a ser buscado. Ela nos permite expressar nossas opiniões e necessidades de maneira respeitosa, enquanto também consideramos as dos outros. Desenvolver habilidades de comunicação assertiva e validante requer prática e autodisciplina, mas pode levar a relacionamentos mais saudáveis, resolução construtiva de conflitos e um ambiente mais positivo.

> Lembre-se de que ser assertivo não significa ser agressivo. Significa expressar seus pensamentos e sentimentos de forma direta, clara e respeitosa, mantendo o equilíbrio entre suas próprias necessidades e os direitos dos outros (Linehan, 2018).

Como Albert Einstein sabiamente afirmou: "Os problemas mais significativos que temos não podem ser resolvidos pelo mesmo nível de pensamentos de quando eles foram gerados". Portanto, a busca pela resolução de conflitos requer uma mudança na forma como abordamos essas questões.

A prática da mediação emerge como um caminho que promove a interface entre duas ciências importantes na elaboração de soluções para conflitos, unindo o conhecimento jurídico com a compreensão das dinâmicas emocionais e psicológicas . Essa abordagem oferece não apenas uma alternativa eficaz ao litígio judicial, mas também a oportunidade de transcender os padrões de pensamento que deram origem aos conflitos, abrindo portas para a resolução pacífica e a construção de relações significativas e construtivas alicerçadas em respeito e amor.

Referências

GREENBERGER, D.; PADESKY, C. A. *A mente vencendo o humor*: mude como você se sente, mudando o modo como você pensa. 2. ed. Porto Alegre: Artmed, 2015.

LINEHAN, M. M. *Treinamento de habilidades em DBT*: manual de terapia comportamental dialética para o paciente. 2. ed. Porto Alegre: Artmed, 2018.

NEFF, K.; GERMER, C. *Manual de mindfulness e autocompaixão*: um guia para construir forças internas e prosperar na arte de ser seu melhor amigo. Porto Alegre: Artmed, 2019.

ROSEMBERG, M. *Criar filhos compassivamente*: maternagem e paternagem na perspectiva da comunicação não violenta. São Paulo: Palas Athena, 2019.

SPENGLER, F. M.; SPENGLER NETO, T. (orgs.) *As múltiplas portas do conflito e as políticas públicas para o seu tratamento*. Curitiba: Multideia, 2016.

URY, W. *Como chegar ao sim com você mesmo*. Tradução: Afonso Celso da Cunha. Rio de Janeiro: Sextante, 2015.

21

DINHEIRO, FAMÍLIA E AUTOCONHECIMENTO
UM DIÁLOGO NECESSÁRIO

A relação com o dinheiro pode ser mais complexa do que se pode imaginar. O início do texto demonstra essa complexidade e segue apresentando quatro aspectos em que o sujeito é influenciado pelo dinheiro: o transgeracional, o familiar, o da singularidade e o social. Finaliza-se trazendo dicas práticas que visam auxiliar nesse diálogo.

PRISCILA BASTOS

Priscila Bastos

Graduada em Psicologia pela Universidade Federal de Pernambuco; formação em Psicologia Clínica com foco em Gestalt-terapia pelo Instituto de Gestalt-terapia de Pernambuco (turma de Natal-RN); capacitação e treinamento em Gestalt-terapia com Crianças e Adolescentes pelo Dialógico Núcleo de Gestalt-terapia do Rio de Janeiro; capacitação em Psicologia Econômica e Arquitetura de Escolhas pela professora Vera Rita de Mello pelo Vértice Psi; MBA em Administração, Finanças e Geração de Valor pela PUC-RS (on-line); formação em Planejadora Financeira pela Nossa – Escola para Planejadores Financeiros.

Contatos
priscilabastos.com
Instagram: @priscilabastos
81 97100 6681

O que faz um capítulo sobre dinheiro em um livro sobre família? Dinheiro vai muito além dos números, ele está bem atrelado à existência de todos os seres humanos. A proposta é que este pequeno texto apresente a complexidade da relação das pessoas com o dinheiro e o quanto isso influencia e é influenciado pelas famílias.

Nos últimos tempos, a economia passou a se mostrar mais aberta às contribuições de outras áreas e, aos poucos, a economia tradicional passou a observar que havia ali uma limitação; assim, a economia comportamental começou a ganhar espaço dentro desse universo. Alguns marcos muito importantes são:

- 1978 – O prêmio Nobel recebido por Herbert Simon sobre a teoria da Racionalidade Limitada.
- 2002 – O prêmio Nobel de Daniel Kahneman sobre Heurísticas e Vieses e a teoria da Perspectiva.
- 2013 – O prêmio Nobel de Robert Shiller.
- 2017 – O prêmio Nobel de Richard Thaler que o fez se tornar o "pai" da economia comportamental.

Mais especificamente a "Psicologia Econômica voltou-se, em especial, para equívocos que cometemos quando lidamos com dinheiro e recursos finitos" (Ferreira, 2008, p. 7). É considerado recurso finito tudo aquilo que é escasso, como tempo, dinheiro e a própria vida.

Muitas pessoas custam a entender o motivo de não conseguirem lidar com dinheiro de forma geral. Feita essa pequena demonstração do quanto a ciência tem se dedicado para conseguir compreender melhor o comportamento financeiro, destacam-se quatro pontos importantes:

Aspecto transgeracional: dentro de um livro onde se fala sobre a relação entre família e dinheiro, é inevitável abordar o quanto a história familiar influencia no comportamento financeiro dos seres humanos. Antes mesmo de abordar as influências que a família nuclear causa em cada um é preciso compreender sobre legado familiar e o quanto de carga transgeracional o sujeito carrega sobre si em cada decisão econômica que ele toma. "Muitos comportamentos financeiros são, na verdade, motivados por relações de lealdade aos membros da família e que nem sempre são fáceis de identificar. Muitas expectativas da família e seus membros não são ditas, fazem parte de uma rede de leis invisíveis" (Rodrigues e Cardoso, 2020, p. 88).

Sendo assim, é possível observar o quanto cada um repete comportamentos financeiros pela forma como vem sendo feita, e passada de geração em geração de forma invisível. Outro aspecto importante em relação a essa herança familiar é a forma como as pessoas ganham dinheiro, como por exemplo, a sua profissão. Nas famílias em que muitos integrantes se dedicam ao serviço público, nota-se certa resistência em aceitar a opção daquele que deseja empreender, por exemplo. Enfim, é nesse sentido que o autoconhecimento é necessário visando uma apropriação e conscientização dessa história para que seja possível, se for do desejo do sujeito, o rompimento.

Aspecto familiar: agora, focando na família nuclear, aquela que apresenta o mundo para a criança, e que faz essa socialização financeira inicial. O contato diário de como esse dinheiro é utilizado e o quanto isso influencia na satisfação ou não no dia a dia de cada ser humano exerce, inevitavelmente, uma influência sobre ele, que repercute nas suas ações sobre esse recurso ao longo da vida. A relação da família com o dinheiro foi estudada por meio de fases da vida por Manfredini e Cerveny, em 2021, e elas observaram que há uma diferença para cada etapa, mas, de modo geral, destacam que "construir, destruir, reconstruir e coconstruir caminhos possíveis com dinheiro na família mostra que diversidade dos comportamentos econômicos coexiste, pois, dinheiro e família movimentam-se continuamente ao longo do tempo e do espaço" (p. 200).

É nessa família nuclear que muitas pessoas vivem experiências como discussões sobre decisões econômicas, vivenciam a frustração de "não poder", determinadas coisas pela falta de dinheiro, visualizam seus pais sempre dando aos filhos e não se permitindo usufruir dos recursos, tendo uma instabilidade financeira constante. Sendo assim, cada ser humano carrega consigo as experiências que influenciam na sua forma particular de lidar com as finanças.

Aspecto singularidade: segundo a Psicologia Econômica, as decisões financeiras que são tomadas pelas pessoas são influenciadas pelas heurísticas e vieses. As heurísticas são atalhos mentais que simplificam e agilizam as decisões, mas se apoiar nelas pode levar a erros sistemáticos de julgamento. Vieses são deformações da nossa percepção que levam os sujeitos a tomarem decisões presos a armadilhas cognitivas e emocionais. Ambas levam a decisão econômica para um lugar de parcialidade no julgamento.

Em geral, o funcionamento humano busca sempre o caminho em que ele gaste menos energia para cada ação, é por isso que nosso funcionamento cerebral busca automatizar aquilo que é possível, como andar de bicicleta, dirigir, entre outros. Nas decisões, o caminho também é esse. A repetição – e o impulso – é um caminho fácil, conhecido, rápido e que não precisa acionar regiões mais complexas do cérebro, evitando maior gasto energético. Sendo assim, bem em linhas gerais, as decisões são tomadas com base no Sistema 1 e Sistema 2. O Sistema 1 é o "Sistema Automático, é rápido e é ou dá a sensação de ser instintivo.

Não envolve o que costumamos associar à palavra 'pensamento'" (Thaler & Sunstein, 2019, p. 30). Quanto ao Sistema 2, ele é mais reflexivo, "é mais premeditado e autoconsciente" (Thaler & Sunstein, 2019, p. 30), consequentemente faz uso de mais energia e, caso seja acionado mais vezes, gastaria mais energia e deixaria o sujeito mais cansado, o que também leva a decisões mais prejudicadas.

Sendo assim, para que haja de fato uma melhoria nas decisões econômicas, é necessário uma dedicação e busca por esse autoconhecimento, como bem aponta Ferreira, 2023,

> "como é bem mais fácil, à primeira vista, embarcar no que parece mais simpático e agradável aos nossos olhos – e evitar, a qualquer custo, aquilo de que não gostamos, que nos frustra ou provoca aversão, ainda que seja real; torna-se importante fazer o que eu chamo de 'musculação psíquica', treinar pensar o que começa com suportar o contato com a realidade como ela é... sem truque, sem mágica, sem ilusão, porque é só na realidade que se consegue modificar – para valer – aquilo que está incomodando" (p. 45).

Passando dos aspectos macro até o micro de forma longitudinal, é essencial apontar também o olhar transversal sobre a socialização financeira.

Aspecto social: partindo do pressuposto de que a família é, sim, aquela primeira socialização de todo ser humano, no aspecto social o destaque é para a sociedade de forma geral e, em especial, para o mercado. Todos os seres humanos são seres sociais e que buscam pertencimento, sabendo disso, muitas estratégias de vendas são feitas para capturar o sujeito. Todo o conhecimento que vem sendo acumulado pelas ciências comportamentais também é de fácil acesso ao mercado, que se utiliza dele para convencimento de que há uma necessidade de obter determinados objetos para pertencer aos grupos.

É possível observar no relato de Lara (nome fictício), 36 anos, mãe, casada, autônoma, como todas essas questões abordadas acima são vistas.

> Meu pai era dono de uma pequena empresa. Na minha casa, tenho mais dois irmãos e minha mãe. Nossa vida financeira oscilava junto com a empresa do meu pai, quando estava tudo bem, a gente tinha acesso a várias coisas, mas quando a empresa tinha uma baixa, a gente não tinha nem o dinheiro da feira direito. Percebi que com cartão de crédito, eu sou dessa mesma forma. Digo que não vou mais usar, consigo me controlar e fico satisfeita. Quando volto a usar, desanda. Eu faço compras impulsivas, parcelamentos e acabo novamente comprometendo meu dinheiro do mês. Desde que excluí totalmente o cartão, isso melhorou porque a sensação da compra por impulso é muito pior do que simplesmente não ter como comprar e pronto. Depois, vi que não precisava daquelas coisas mesmo.

Essa foi uma fala de Lara durante o atendimento de planejamento financeiro. É possível perceber o quanto a história dos pais influencia, ela repete a forma de ganhar dinheiro (ambos pequenos empresários), a oscilação de poder tudo, seguida de não poder mais nada. Ela traz a ressignificação sobre as compras impulsivas e o quanto isso leva ela a uma sensação desagradável.

Considerando tudo que foi pontuado até aqui, não é necessário reiterar como é complexa a relação entre o sujeito e o dinheiro, e como essa relação é atravessada por muitas questões, históricas, familiares e sociais. Sendo assim, segue abaixo uma série de dicas que podem auxiliar nesse manejo financeiro de forma mais prática.

- Um bom início para todas as pessoas que precisam se dar conta de como anda a sua organização financeira é reservar um tempo na agenda para olhar para seus gastos. Isso não significa necessariamente anotar tudo que gasta, de forma nenhuma; mas olhar o extrato da conta, a fatura do cartão de crédito, já são excelentes formas de entrar em contato com o tema. Caso você divida essa administração com outra pessoa, é interessante que seja feito também em conjunto, sempre que possível. Uma forma de tornar esse momento mais atrativo é associar essa conversa com algo que você ou vocês gostem de fazer, como um café, uma comida gostosa, um lugar legal.

- Caso a leitura seja um hábito agradável, o livro *Dinheiro sem medo*, de Eduardo Amuri, pode ser um excelente disparador de boas trocas e um acolhimento para quem acha que é a única pessoa do mundo que não consegue se organizar financeiramente.
- Uma questão muito frequente, para muitas pessoas, é a dificuldade de guardar dinheiro. Salvo as (muitas) pessoas que realmente não têm uma sobra, em alguns casos as pessoas não conseguem guardar porque dependem do autocontrole e do poder de decisão a cada mês para realizar essa reserva. Uma sugestão é automatizar essa separação. Ao invés de decidir mês a mês se reserva um dinheiro ou não e quanto reserva, já deixar isso no automático, com alguma estratégia oferecida pelo banco de sua preferência.
- Para pessoas que administram um orçamento em conjunto, mas não fazem ideia de como dividir as contas, uma possibilidade que ajuda ambos a terem responsabilidade e apropriação dos gastos – mas mantendo a individualidade – é ter uma conta conjunta (ou uma à qual ambos tenham acesso), onde sejam alocados os gastos comuns da família e cada um tenha a sua própria conta pessoal para gastos individuais. O quanto é transferido para essa conta comum varia de família para família, pode ser dividido meio a meio, proporcional ou até colocado por apenas um membro, contanto que ambos tenham acesso.
- Segundo um estudo realizado por Meirelles e Souza (2015), um dos resultados que mais chamou atenção é o endividamento por parte dos divorciados. Isso se deve à ausência de uma reserva para imprevistos ou situações mais críticas

continuadas. Esse dado reforça a ideia de uma reserva de emergência de ambas as partes da relação.

- Afinal, quando e como a educação financeira deve ser feita na infância? É necessário compreender que as crianças estão vivenciando um processo de desenvolvimento e que não conseguem ter acesso a pensamentos abstratos durante boa parte da infância. Além disso, não é possível a elas tomar decisões com as quais não possam lidar com as consequências como grandes compras, mudanças de casa, entre outros. Antes de simplesmente inserir as crianças no mundo da educação financeira, é necessário se informar com profissionais que ofereçam materiais e orientações adequados ao universo infantil.[1]
- Por fim, é extremamente relevante o cuidado com a aposentadoria. Como já foi supracitado, guardar dinheiro é uma dificuldade de muitos. Mesmo porque são tantas demandas do agora que às vezes até um objetivo de curto prazo é difícil de ser atingido. Sendo assim, cuidar da aposentadoria é algo visto como muito distante, por vezes tão inalcançável que não é sequer cogitado, entretanto, quanto mais cedo, na vida, a aposentadoria tiver um foco, mais administrável ela é dentro do orçamento, pois a parcela será menor.
- Encerra-se esse texto com a certeza de que é preciso que haja mais e mais diálogo sobre dinheiro, dentro e fora do âmbito familiar, pois é um tema complexo. Mas também com a perspectiva de que existem sim aspectos práticos que podem ser feitos hoje. Vamos começar agora?

Referências

AMURI, E. *Dinheiro sem medo*. São Paulo: Benvirá, 2017.

FERREIRA, V. R. M. *Decisões econômicas*: você já parou para pensar. Rio de Janeiro: Alta Books, 2023.

FERREIRA, V. *Psicologia econômica*. Rio de Janeiro: Campus-Elsevier, 2008.

---

1 Caso precise de orientação, pode buscar a autora do capítulo.

MANFREDINI, A. M. N.; CERVENY, M. O. (org.). *As relações com o dinheiro na família*. Curitiba: CRV, 2021.

MANFREDINI, A. M. N.; MEIRELLES, V. M. *Psicologia econômica por psicólogos*: da pesquisa para práticas possíveis. Curitiba: CRV, 2020.

MEIRELLES, V. M.; SOUZA, R. M de. *Uso do dinheiro na vida adulta*: uma perspectiva da psicologia clínica e da psicologia do dinheiro. Barueri: Atlas, 2015.

THALER, R. H. *Nudge*: como tomar melhores decisões sobre saúde, dinheiro e felicidade. São Paulo: Objetiva, 2019.

22

A ALIENAÇÃO PARENTAL E OS IMPACTOS NO ATENDIMENTO DAS NECESSIDADES EMOCIONAIS DAS CRIANÇAS E ADOLESCENTES

O desenvolvimento saudável da personalidade depende de necessidades emocionais básicas, que devem ser atendidas pelos pais. Este capítulo tem como objetivo explicar que a alienação parental é um grave problema que pode prejudicar esse desenvolvimento, levando a padrões disfuncionais na vida adulta.

RENATA BOA VIAGEM

Renata Boa Viagem

Psicóloga clínica; pós-graduada em Psicologia Clínica da Infância e Adolescência; pós-graduada em Terapia Cognitivo-comportamental; formação em Terapia do Esquema; co-criadora do jogo terapêutico *A limpeza dos pensamentos*. Atua com psicoterapia individual e supervisão clínica.

Contatos
renataboaviagem@hotmail.com
Instagram: @renataboaviagem
81 99299 8730

Sabemos que as crianças e os adolescentes precisam de muitos cuidados, uma vez que não têm sua personalidade formada e são extremamente suscetíveis ao ambiente em que convivem. E quando os pais não conseguem oferecer os cuidados necessários? E quando há um ambiente desfavorável para isso? Conflitos conjugais, separação e divórcio, muitas vezes, podem privar as crianças daquilo que elas mais precisam. Inicialmente, serão abordados conceitos sobre o processo de construção da personalidade à luz da terapia do esquema. Posteriormente, será explanado o conceito de alienação parental e suas repercussões no desenvolvimento de uma personalidade adaptativa.

A formação da personalidade é resultado da interação de múltiplos fatores: o temperamento – que consiste em características geneticamente herdadas e as experiências ambientais, afetivas, comportamentais e cognitivas vivenciadas no curso da infância e adolescência (Reis, 2019). As experiências vivenciadas pelas crianças e adolescentes foram estudadas a fundo por um psicólogo americano mundialmente conhecido chamado Jeffrey Young. Ele construiu uma nova teoria, um sistema conceitual e de desenvolvimento da personalidade chamada Terapia do Esquema (TE).

Young descobriu que as pessoas, ao longo do seu desenvolvimento, construíam um padrão de crenças e emoções acerca de si mesmos extremamente resistente à mudanças e que se repetia constantemente. Esse padrão se apresentava como verdade absoluta e incondicional que cada pessoa carregava dentro de si ao longo da vida: "Não sou digno de ser amado", "Não sou bom o bastante", "Nunca serei suficiente", dentre outras (Nolêto, 2017). O criador da TE explica que esses padrões foram construídos na infância e na adolescência e são chamados de Esquemas Iniciais Desadaptativos (EIDs). Young enfatiza que eles se formam a partir da integração do temperamento e das experiências disfuncionais que as crianças e adolescentes tiveram com seus pais, irmãos, cuidadores e amigos no início da vida.

O temperamento é a base para a construção da personalidade, são os traços determinados neurobiologicamente. Hoje, a teoria mais aceita mundialmente acerca do temperamento é a do *Big Five*, ou modelo dos cinco grandes fatores. Dessa forma, todos nascem com cinco dimensões do temperamento. São elas: neuroticismo, extroversão, amabilidade, conscienciosidade e abertura. O neuroticismo está associado ao nível de dificuldade que uma pessoa tem para voltar à linha de bem-estar depois que algo de ruim acontece. A extroversão refere-se à quantidade e intensidade das relações interpessoais, do nível de energia, atividade, busca de estímulos e capacidade de se alegrar. A dimensão da amabilidade está relacionada ao tanto que o sujeito se importa com as necessidades dos outros. O último fator, abertura para experiência, identifica a inclinação que a pessoa tem para ser curioso e imaginativo.

A TE elenca cinco necessidades emocionais básicas que precisam ser supridas pelos cuidadores: 1. Vínculos com outras pessoas – incluindo segurança, estabilidade e aceitação; 2. Autonomia, competência e juízo de identidade; 3. Limites realistas e autocontrole; 4. Liberdade para expressar suas necessidades e emoções; 5. Espontaneidade e lazer. Cada pessoa, a partir do seu temperamento, vai precisar de uma dose diferente de tais necessidades. Quando tais necessidades não são supridas de forma adequada, surgem os esquemas iniciais desadaptativos (EIDs), padrões emocionais e cognitivos autoderrotistas que se tornam verdades absolutas e incondicionais ao longo da vida. Esses esquemas direcionam nossa forma de pensar, sentir e agir. Tanto experiências traumáticas quanto experiências nocivas do dia a dia contribuem na formação de EIDs.

A construção de uma personalidade saudável carece de um ambiente familiar equilibrado. Sabemos que, por mais estável que seja uma família, jamais haverá uma satisfação total de todas as necessidades. O que podemos falar sobre o desenvolvimento da personalidade de uma criança ou adolescente que passa por alienação parental? É de extrema importância que estejamos cientes do que realmente significa alienação parental.

O fenômeno da alienação parental foi caracterizado, no ano de 1976, como uma dinâmica social em que a criança ou o adolescente rejeita um dos pais sem razões evidentes, porque escutam comentários negativos proferidos pelo outro genitor na ocasião da ruptura afetiva do casal (Mattos, 2023). O termo "síndrome da alienação parental" (SAP) é bastante utilizado. Tal termo foi designado pelo psiquiatra Richard Gardner em 1985. Na esfera da psicologia, esse termo não é bem aceito, uma vez que uma categoria nosográfica não daria conta da amplitude desse fenômeno. Vale salientar que a SAP não tem evidências empíricas e não se encontra em manuais médicos de classificação de doenças. No entanto, conhecer e compreender é o primeiro passo para orientações e intervenções com os familiares envolvidos. No âmbito jurídico, o ato de alienação parental é previsto na Lei 12.318, de 26 de agosto de 2010:

"[...] o ato de alienação tem natureza jurídica de coação moral contra a criança e o adolescente, é uma forma de abuso psicológico, na qual a criança ou adolescente, é desconsiderado como pessoa em desenvolvimento, sendo visto pelo genitor ou familiar alienador como um objeto manipulável, desprovido de vontade própria".

Para compreendermos melhor, será importante que tenhamos em mente o que o Art. 2.º da referida lei descreve: "Considera-se ato de alienação parental a interferência na formação psicológica da criança ou do adolescente promovida ou induzida por um dos genitores, pelos avós ou pelos que tenham autoridade, guarda ou vigilância para que repudie o genitor ou que cause prejuízo ao estabelecimento ou à manutenção de vínculos com este". Vale salientar que a literatura aponta que o ato de alienação parental acontece, muitas vezes, de forma cruzada – os dois cuidadores ocupando o lugar de alienador e de alienado. Podemos dizer que o ato de alienação parental vai interferir sobremaneira no atendimento das necessidades emocionais das crianças e adolescentes envolvidos.

O primeiro grupo das necessidades emocionais refere-se ao vínculo seguro. A criança precisa sentir que a relação com os cuidadores é estável e segura. Tal necessidade é atendida se ela se sentir amada pelo que é, independentemente do que faz ou deixa de fazer. Dessa forma, o ato de alienação parental é diametralmente oposto à manutenção de um vínculo seguro. Um dos cuidadores, ou ambos, falha na função de oferecer aos filhos proteção e segurança, pertencimento, aceitação, estabilidade, além de não conseguirem demonstrar previsibilidade e disponibilidade. A TE salienta que uma criança que não teve essa necessidade suprida poderá ter sérios impactos nas relações que estabelecer ao longo da vida, sobretudo em relação à capacidade de se sentir amada, assim como a sensação de não pertencimento diante de um grupo. Nolêto (2021) ressalta que essas crianças poderão tornar-se adultos que acreditam que todo vínculo é frágil e poderá ser rompido a qualquer momento. Poderá desenvolver uma percepção de perigo acerca das relações, acreditando que estará a um passo de ser enganada e machucada pelo outro. Ela, também, pode sentir-se falha, ruim e indigna de receber o amor das pessoas. Um ato de alienação parental poderá deixar marcas para o resto da vida da pessoa, propiciando a sensação de que seu desejo de conexão emocional nunca será satisfeito.

O segundo grupo das necessidades emocionais abrange a autonomia, competência e juízo de identidade. Os pais precisam oferecer à criança a oportunidade para construírem a própria identidade. Para tanto, faz-se necessário ela ter espaço e segurança para vivenciar suas experiências recebendo a orientação e encorajamento necessários. A literatura aponta que uma família controladora poderá minar o processo de autonomia, podendo permanecer na vida adulta como uma criança no que se refere à competência. Na alienação parental, existe um cuidador, ou ambos, que não consegue se conectar com as reais necessidades da criança e, provavelmente, não oferecerá o espaço suficiente na autonomia, podendo oscilar entre a negligência e a superproteção. Dessa forma, haverá uma tendência para ter dificuldades para funcionar de forma independente e sentir-se capaz de se separar da própria família.

As necessidades emocionais do terceiro grupo são os limites realistas e o autocontrole. Os cuidadores necessitam ajudar as crianças a compreenderem as regras da sociedade para conseguirem se relacionar com outras pessoas. Uma criança com limites internalizados conseguirá sentir empatia, compaixão, além de respeitar normas sociais e compreender o direito dos outros. É de extrema importância que os pais compreendam que, inicialmente, os filhos precisarão de ajuda para lidar com as emoções da vida diária e, posteriormente desenvolverão suas ferramentas. Para tanto, nada melhor que ser modelo de autocontrole, regulando as emoções de forma adaptativa. No contexto da alienação parental, há um adulto que não está conseguindo manejar suas emoções, como raiva diante da percepção de injustiça e até medo de não se sentir amado como gostaria pelo filho (Reis, 2019). Nesse sentido, Young (2008) aponta que a falha nessas necessidades poderá repercutir na construção de um adulto com dificuldades no que tange à reciprocidade e à disciplina.

A quarta categoria das necessidades emocionais é a livre expressão das necessidades e emoções. Toda criança precisa crescer em um ambiente que permita que ela expresse o que sente e o que deseja. As crianças e os adolescentes precisam de validação, que nada mais é que receber dos cuidadores uma intervenção que sinalize a compreensão do que ele está sentindo. Além disso, ser escutado sem crítica e julgamento é de fundamental importância para que a criança não cresça com uma sensação que precisa renunciar ao que pensa e sente para ser aceita. Atos de alienação parental costumam desenvolver na criança uma crença de que ela precisa esconder aspectos importantes de si para ser aceita ou amada. Na vida adulta, poderá ter a tendência de buscar atender às necessidades dos outros em detrimento das suas.

O último agrupamento das necessidades emocionais contempla a espontaneidade e o lazer. Faz-se necessário que a criança seja validada em relação à sua espontaneidade. Curiosidades e brincadeiras precisam ser muito bem-vindas nessa faixa etária e não devem ser rechaçadas. Para além das obrigações da vida diária, a família deve ser modelo em relação à busca da felicidade e da leveza. O fenômeno da alienação parental pode suprimir o atendimento dessas necessidades, visto que há um ambiente de tensão que compromete a sensação de relaxamento. Quando não há o atendimento dessas necessidades, é provável que resulte na formação de um adulto ansioso, pessimista e preocupado em relação aos diferentes aspectos da vida. Observa-se adultos perfeccionistas e críticos, além da probabilidade de serem severos e punitivos diante de um erro.

Nesse momento, em que já foi explanado as necessidades emocionais e os impactos da alienação parental no atendimento de cada uma delas, devemos ter em mente que a alienação parental surge muitas vezes de uma dificuldade dos adultos de regularem suas emoções de forma adaptativa diante de um rompimento conjugal. Questões relacionadas à conjugalidade e parentalidade se misturam, perdendo o foco das reais necessidades da criança. Diante desse contexto de sofrimento, especialmente para a criança, é de fundamental importância que haja um redirecionamento do olhar para o que, de fato, a criança necessita. A orientação mais importante é olhar para cada comportamento enquanto pai e mãe e observar se ele está auxiliando ou prejudicando o desenvolvimento de uma personalidade saudável. Buscar ajuda de profissionais sempre que necessário e intervir o quanto antes será de extrema importância para diminuir os impactos do processo de interrupção conjugal no desenvolvimento da criança. Ao pensarmos no fenômeno da alienação parental, a prevenção é o melhor caminho. Mas caso já esteja instalada, procure ajuda o quanto antes. Pais regulados emocionalmente poderão ofertar um ambiente mais favorável para a construção de uma personalidade adaptativa.

Referências

MATTOS, G. B. *Psicologia jurídica*: a criança, o adolescente e o caminho do cuidado na justiça. Indaiatuba: Foco, 2023.

NÔLETO, P. *Filhos em construção*: as necessidades da criança pela teoria do esquema. São Paulo: Literare Books Internacional, 2022.

REIS, A. H. *Terapia do esquema com crianças e adolescentes*: do modelo teórico à prática clínica. Campo Grande: Episteme, 2019.

SILVA, D. M. P. *Guarda compartilhada e síndrome de alienação parental*: o que é isso? Campinas: Armazém de bolso, 2011.

YOUNG, J. E. *Terapia do esquema*: guia de técnicas cognitivo-comportamentais inovadoras. Porto Alegre: Artmed, 2008.

23

IMPACTO DA SAÚDE MENTAL DOS GENITORES NO PROCESSO DE DIVÓRCIO

Neste capítulo, abordaremos a importância da saúde mental individual dos genitores, seus impactos no processo de divórcio e seus respectivos desdobramentos.

ROBERTA ALONSO

Roberta Alonso

CRP 06/84705

Psicóloga graduada pela USJT, com pós--graduação em Terapia Cognitiva-comportamental e Neuropsicologia. Autora do livro infantil *Pó de Sim* e Coautora do *Manual da infância: os desafios dos pais*, *Disciplina e afeto* e *Orientação familiar vol. 2*. Apaixonada por desenvolvimento humano, atuou na área corporativa com foco em carreiras voltadas para o primeiro emprego, estágios e *trainees* de grandes corporações nacionais e multinacionais. Nos últimos anos, passou a se dedicar à carreira clínica, com supervisão, atendimento de crianças, adolescentes e suas famílias, o que demandou vários cursos nessa área, como o de *Desenvolvimento Infantil* pelo CBI Miami, *Engajamento Parental* pela Universidade de Harvard e certificação em *Disciplina Positiva* pela PDA - USA. É uma entusiasta da educação e da ciência, dedicando-se também à docência superior. Acredita que esse é o único caminho para a mobilidade social que pode desenvolver o potencial humano e gerar uma sociedade mais justa e empática. Escolheu trabalhar com infância para demonstrar a importância da educação desde cedo.

Contatos
www.ecoandopsicologia.com.br
ecoandopsicologia@gmail.com
11 99321 5533

Embora pareça óbvio, é impossível dar o que não se possui, ou ainda, ensinar o que não se aprendeu ou não se domina. Imagine-se recebendo uma proposta de trabalho para lecionar um idioma com o qual nem sequer teve contato. Seria possível assumir essa posição? É natural e esperado que a recusa aconteça. Começo nossa reflexão com esse exemplo prático para então pensarmos que, muitas vezes, damos respostas emocionais ao que nos acontece, sem termos desenvolvido o conhecimento de como as emoções nos afetam e refletem em todas as relações à nossa volta.

Isso significa que, quanto mais regulados estamos emocionalmente, os vínculos que estabelecemos apresentam mais qualidade e contribuem para o nosso desenvolvimento em sociedade, abordando assim todos os papéis que exercemos nessa dinâmica. Tomaremos como base da nossa reflexão o processo de dissolução do casamento, o divórcio, evento que sinaliza que o curso antes previsto daquele núcleo familiar será interrompido, demandando dos envolvidos uma reestruturação no âmbito individual. Dessa forma, é evidente que a pessoa precisará se reconstruir de forma individual para, posteriormente, contribuir com essa nova construção em todas as relações do seu entorno.

Quando uma família passa por um divórcio, todos saem mudados. Um processo como esse modifica todas as referências do tempo presente (pois até a velha rotina conhecida sofre alterações) e também dos planos futuros daquele núcleo familiar.

O futuro sofre uma espécie de "apagão", gerando incertezas, podendo inaugurar gatilhos na saúde mental, apresentando sintomas de ansiedade ou mesmo de característica depressiva. Muitas vezes, esses sintomas já estavam presentes e agravaram-se nos membros da família afetada.

O divórcio abre espaço para assuntos que determinarão a vida de todos os indivíduos envolvidos pelos próximos anos, até que uma nova rotina se estabeleça e a nova dinâmica familiar estabelecida apresente contornos estáveis.

O divórcio em si é uma das decisões que foram amadurecidas pelo casal ao longo da relação. É a decisão que culmina em afastamento, pautada nas percepções, autoconhecimento emocional, capacidade para resolução de problemas, proatividade para mudanças, entre outros comportamentos expressados individualmente que caracterizam o funcionamento da relação.

O período em que o divórcio se estabelece sempre é o mais crítico. Em famílias com filhos, os conflitos oriundos desse momento gerarão impactos também nessas vidas.

De acordo com Galvão, Lima e Lopes (2021), o divórcio é um momento delicado para filhos pequenos. Há uma desordem na rotina, trazendo confusão de pensamentos, pois passarão a residir apenas com um genitor e terão dois lares, o que causa alterações na vida social e possivelmente escolar.

Dentre tantos prejuízos emocionais que essa decisão acarreta, os adultos ainda precisarão tratar de partilha de bens comuns, regulamentar a guarda e visita aos filhos, além da pensão alimentícia. Esse desdobramento de decisões acaba negligenciando a condição emocional em que esses indivíduos se encontram, ao mesmo tempo que determina as condições futuras para que se reconstrua uma nova realidade de vida e rotina. Essa discrepância gera conflitos internos importantes nos indivíduos.

De acordo com Amato (*apud* Galvão, Lima e Lopes, 2021), o divórcio não é um evento discreto, mas um processo que começa quando os cônjuges vivem juntos e termina muito tempo depois da separação legal. Esse processo de separação costuma provocar vários eventos que as pessoas tendem a ver como estressantes e aumentam o risco de resultados negativos no comportamento, no emocional e na saúde de adultos e crianças. A gravidade desses sintomas depende de fatores protetores e moderadores em cada indivíduo.

Diante de tantos desafios, os adultos precisarão priorizar a si mesmos para que possam passar por esse período de forma a reduzir os prejuízos naturais desse processo, e também para que construam uma perspectiva de futuro realista, preparando-se para o período de adaptação à nova dinâmica familiar, além de, através de seus enfrentamentos, conseguirem se manter como adultos de referência para os filhos gerados da união agora dissolvida.

O ex-casal agora assume um novo papel: a coparentalidade.

Segundo Feinberg (*apud* Silva, 2022), perante a dissolução do subsistema conjugal, os pais deixam de ser cônjuges em um sistema familiar, mas a relação coparental entre o par permanece. Esta dinâmica interparental é caracterizada como um subsistema autônomo e independente dos subsistemas conjugal e parental, sendo, por isso, importante distinguir as relações de parentalidade das relações de coparentalidade. O primeiro conceito refere-se à relação que cada figura parental estabelece individualmente com o filho.

Para Hoghughi (*apud* Silva, 2022), a parentalidade é "o conjunto de atividades propositadas no sentido de assegurar a sobrevivência e o desenvolvimento da criança".

Feiberg (*apud* Silva, 2022) define o segundo conceito como a forma como os adultos, responsáveis pelo cuidado da criança, interagem um com o outro ao exercer funções parentais.

Dessa forma, a maneira como os adultos exercerão o autocuidado e regulação emocional frente ao processo de divórcio continuará gerando impacto na relação desenvolvimental dos filhos. A dissolução da conjugalidade abre possibilidades distintas da relação com o ex-cônjuge, sendo, portanto, uma esfera de tratativas e alinhamentos sobre o processo desenvolvimental dos filhos gerados dessa união.

De forma cultural, individualmente já são estudadas nuances dessas mudanças.

Sobre as diferenças de gênero, segundo Van Winkle e Leopold (*apud* Silva, 2022), a investigação científica tem comprovado que o peso financeiro, consequência da dissolução conjugal, atinge de forma mais crônica e prolongada as mães do que os pais. Para Leopold, Wu e Schimmele (*apud* Silva, 2022), após a separação, a mulher sofre uma perda desproporcional de rendimento familiar em comparação com o homem, devido à maior probabilidade de se tornar mãe solo e de não recasar, considerando que existe um risco mais acrescido de pobreza.

Ivanova (*apud* Silva, 2022) vê o recasamento desempenhando um papel mediador, no que diz respeito à adaptação do indivíduo à separação, tendo sido evidenciado, na investigação científica, que as mulheres têm menos probabilidade de recasarem após o divórcio do que os homens. Isto se deve ao fato de, frequentemente, os filhos ficarem residindo com a mãe.

Adicionalmente, o fator da idade tem mais peso sobre o gênero feminino, influenciando também a sua probabilidade de recasar, uma vez que pessoas com mais idade são menos escolhidas como parceiros, conforme Bennett (*apud* Silva, 2022).

Quando investigamos dados sobre autocuidado e busca de ajuda para passar por esse momento de ruptura de forma mais assertiva, existem estudos indicando que as mulheres evidenciaram níveis mais elevados de saúde e bem-estar, em contraste com os homens, que manifestaram níveis mais elevados de mortalidade e de declínio na saúde, no que diz respeito ao ajustamento ao divórcio (Shor e Wallerstein, *apud* Silva, 2022).

Com base nesses estudos, podemos sugerir que uma relação coparental saudável de mútuo apoio ao desenvolvimento dos filhos necessita ser estabelecida com indivíduos que conseguem melhor se adaptar a uma nova rotina. Porém, essa equidade entre os ex-cônjuges é um desafio a ser alcançado, dessa forma a saúde individual de cada figura parental vai influenciar diretamente na relação e apoio aos filhos daquela relação. O adulto que não consegue se adaptar à nova situação e perceber as próprias necessidades terá dificuldade de demonstrar apoio emocional e se envolver nas estratégias de desenvolvimento de seus filhos. Dessa forma, a coparentalidade sofre influências negativas da própria dissolução da relação conjugal e da posterior dificuldade em exercer a parentalidade e coparentalidade de forma a desenvolver mecanismos de proteção aos filhos.

Para Amato *et al.* (*apud* Silva, 2022), adolescentes expostos a dinâmicas coparentais caracterizadas por conflitos constantes e expressões de afeto negativas apresentavam problemas comportamentais, como o uso de substâncias e o absentismo na escola, assim como níveis de cooperação baixos estão associados a níveis baixos de autoestima em crianças em idade escolar e em adultos emergentes.

Não podemos deixar de citar que, apesar de adultos, a desvinculação é um fator de estresse no processo de divórcio e a reorganização familiar pode apresentar dificuldades, uma vez que o modo de desvinculação dos cônjuges traçará o funcionamento da relação coparental.

Conforme Bowlby (*apud* Silva, 2022), na idade adulta, perante uma situação estressora, a figura de vinculação fornece proteção e segurança ao vinculado, desempenhando um papel importante na sua reorganização psicológica. Dessa forma, no processo de divórcio, o sistema de vinculação é afetado.

Para Lamela e Figueiredo *et al.* (*apud* Silva, 2022), a segurança e proximidade antes providenciadas pelo ex-cônjuge agora é caracterizada por ausência e perda, o que provoca desajustamento psicológico do adulto e dificulta o estabelecimento de uma relação coparental cooperativa e articulada. Pais seguros, ao contrário de pais inseguros evitantes, estão associados diretamente a uma maior qualidade da coparentalidade e, consequentemente, um maior ajustamento familiar após o divórcio.

Segundo Lamela *et al.* (*apud* Silva, 2022), quando existe segurança na vinculação entre os pais divorciados, estes adquirem um conjunto de estratégias de regulação emocional e resolução de problemas que colocam em prática perante a ruptura conjugal e que os permite utilizar a relação coparental em benefício dos filhos de forma cooperativa e articulada.

Embora ainda tenhamos muitas oportunidades de aprofundamento no tema, já existem estudos correlacionando a mudança da vida conjugal com comportamentos relacionados à saúde. Um estudo investigou a incidência de comportamentos de proteção à saúde, após 4 anos de mudança na situação conjugal, em pessoas de 40 anos ou mais de uma cidade do Sul do Brasil. Segundo Evedove *et al.* (2021), os principais resultados desse estudo foram:

1. Deixar de ter um(a) companheiro(a) se associou com uma menor incidência no consumo regular de frutas.
2. Deixar de ter um(a) companheiro(a) se associou a uma maior incidência de abandono do tabaco na comparação com aqueles que se mantiveram com o(a) companheiro(a).
3. Aqueles(as) que passaram a ter um(a) companheiro(a) apresentaram maior incidência no consumo regular de frutas. Por outro lado, não foi constatada associação com incidência da atividade física no tempo livre, consumo regular de verduras e legumes e não consumo abusivo de álcool.

Esse estudo conclui que a mudança da situação conjugal influencia de forma moderada os comportamentos de proteção à saúde.

O estudo embasa que as relações conjugais e/ou sua mudança são aspectos que se relacionam com os indicadores de saúde. Segundo Evedove *et al.* (2021), estudos indicam que sujeitos casados ou em união estável têm menor mortalidade, adotando menos comportamentos de risco em relação à saúde. Também apresentam melhor autopercepção de saúde na comparação com divorciados(as), separados(as), solteiros(as) ou viúvos(as).

Dessa forma, é indiscutível o quanto o evento divórcio altera o funcionamento global de uma família e o funcionamento individual de cada pessoa do núcleo dissolvido, impactando em suas respostas emocionais e comportamentais em relação a todo o desdobramento que esse evento venha a apresentar.

Os adultos envolvidos recebem, ao mesmo tempo, uma demanda de reconfiguração de seu papel na conjugalidade e na sua parentalidade. Por esse motivo, é de extrema importância que busquem ajuda para que consigam responder de forma mais assertiva a essas demandas, reduzindo os impactos negativos inerentes à separação conjugal.

Ainda que sejam necessárias mais pesquisas sobre o tema, correlacionando inclusive a qualidade da relação coparental e comportamentos de cuidados com a saúde, podemos sugerir que não buscar ajuda dificulta a qualidade da relação e consequente participação dos genitores no desenvolvimento de seus filhos, que agora seguem em uma família reconfigurada.

Uma pesquisa publicada pela Universidade de Harvard (2022) identificou que os pais e os adolescentes sofrem com índices parecidos de problemas de saúde mental.

"Um relato amplamente ignorado é o das pessoas centrais na vida dos adolescentes: seus pais e cuidadores. A saúde emocional de pais e de adolescentes é profundamente interconectada (...). Tão importante quanto soar o alarme sobre a saúde mental dos adolescentes é fazê-lo com a saúde mental dos pais", diz o estudo.

Os pais são como guia e espelho no desenvolvimento de seus filhos e, quando emocionalmente regulados, podem apoiá-los pelo exemplo de resolução de problemas, fornecendo contingências sobre situações desafiadoras vivenciadas e estratégias para resolvê-las.

Referências

BBC NEWS. *Pais de adolescentes estão tão solitários e depressivos quanto filhos, mas são ignorados*. Disponível em: https://g1.globo.com/saude/noticia/2023/08/07/pais-de-adolescentes-estao-tao-solitarios-e-depressivos-quanto-filhos-mas-sao-ignorados.ghtml. Acesso em: 07 ago. 2023.

EVEDOVE, A. V. D.; DELLAROZA, M. S.; CARVALHO, W. O.; LOCH, M. R. *Mudança na situação conjugal e incidência de comportamentos de proteção à saúde em adultos com 40 anos ou mais:* estudo VigiCardio (2011-2015). Disponível em: https://doi.org/10.1590/1414-462X202129030453. Acesso em: 30 jul. 2023

LIMA, M. da S.; GALVÃO, K. K. L.; LOPES, A. P. Os impactos psicológicos e sociais do divórcio nos/as filhos/as pequenos/as. *Caderno de graduação*: ciências humanas e sociais – UNIT. Alagoas, 6(3), 101, 2021. Disponível em: https://periodicos.set.edu.br/fitshumanas/article/view/9888. Acesso em: 8 jul. 2024.

SILVA, A. G. C. R. *Ajustamento familiar ao divórcio e coparentalidade*. Dissertação (Mestrado em Psicologia Clínica Sistémica e da Saúde) – Faculdade de Psicologia e de Ciências da Educação da Universidade de Coimbra, 2022.

24

CADA UM PARA O SEU LADO

Quando o casal chega à conclusão de que não adianta continuar com a relação conjugal, uma das frases que costumam dizer é "a gente não dá mais certo". Com isso, inicia-se um processo de mudanças na relação familiar que pode desaguar em separação ou em uma reflexão sobre a vida conjugal.

SANDRA MÔNICA
DE SIQUEIRA ROCHA

Sandra Mônica de Siqueira Rocha

Psicóloga jurídica e mestre em Psicologia Clínica pela UNICAP; bacharela em Direito; especialista em Direito de Família e Sucessões; pós-graduada em Direito Público e em Análise Jurídico-jurisprudencial do Direito das Famílias no Sistema Luso-brasileiro pela Universidade de Coimbra-PT; diretora no IBDFAM-PE. Chefe do Centro de Apoio Psicossocial do Tribunal de Justiça de Pernambuco entre os anos de 2005 e 2014. Mediadora judicial; representante suplente da Coordenadoria de Família no Comitê Gestor Local da Primeira Infância, no âmbito do Poder Judiciário do Estado de Pernambuco. Analista judiciário, atuando na Coordenadoria Estadual de Família do Tribunal de Justiça de Pernambuco.

Contatos
monica.rocha@tjpe.jus.br
monica.psijuridica@gmail.com.br
Instagram: @monica.psijuridica

Partindo do senso comum, mas não diminuindo sua importância, a separação de um casal que, durante muito tempo, fez planos e projetou uma vida futura repleta de sonhos e realizações, pode chegar ao fim. Esse fim só diz respeito ao que compartilharam juntos, como sonhos e projetos, mas continuarão sendo parte da história de um e do outro e, se houver filhos da relação, permanecerão ligados pela parentalidade. Exercício de afeto, formação, dever e responsabilidade que perdura por toda vida.

A dissolução de uma relação conjugal repercute em várias esferas da vida do ex-casal. Tudo que era partilhado, provavelmente, foi desconstruindo junto com os sonhos e planos de um futuro que não existe mais. Seja qual for a razão da dissolução do casal, todos estão sujeitos às mudanças de ordem emocional, financeira e cotidiana. As decisões tomadas em conjunto, que ainda serão necessárias, irão alterar a vida tanto dos filhos quanto do ex-casal.

Uma boa parte dos casais que chegam ao judiciário, em virtude de sua separação, estão carregados de sentimentos de derrota, mágoa, raiva, decepção e desejo de vingança. Chegam a distorcer a própria realidade para justificar comportamentos extremos e atitudes que, aos olhos de outro, seriam inimagináveis.

Sob o ponto de vista da psicologia, diante da constatação do fracasso na relação, muitos sentimentos são desencadeados – principalmente os destrutivos. Vale ressaltar que tais sentimentos também podem ocorrer dentro da família que não está vivendo uma separação conjugal, mas passando por alguma dificuldade ou possui algo disfuncional no meio familiar.

Falar de família em processo de separação é falar em conflito. A busca da justiça como meio de resolução é uma das maneiras de seguir adiante com a vida quando há filhos, um patrimônio a ser dividido e, naturalmente, o desejo de formar uma nova família. Embora tenham conhecimento jurídico das questões que envolvem o divórcio, os juízes de família, muitas vezes, lançam mão dos peritos psicólogos e assistentes sociais para ajudá-los a esclarecer aspectos que irão elucidar muitos dos comportamentos adotados pelos pais em processo de separação. Tais peritos irão, através de seu conhecimento técnico-científico, levar para o juiz o seu olhar profissional sobre o caso. Entretanto, não necessariamente, o juiz precisará da intervenção desses profissionais. Com a introdução de novas técnicas de solução de conflitos no judiciário e a implementação de legislação que apoie e dissemine essas técnicas, os conflitos familiares são beneficiados com as técnicas de mediação e conciliação, tanto no meio judicial quanto no extrajudicial.

Como perita que fui durante quase 20 anos, vi muitas famílias desgastadas pelo processo de separação conjugal, filhos e pais deprimidos, ansiosos e movidos pela ânsia de vingança. Muitos comportamentos extremamente agressivos que atropelavam as vias da razão, inclusive o bem-estar dos filhos, algumas vezes de forma inconsciente, outras nem tanto. Famílias que perduraram na justiça por anos, ligadas pelo sentimento de ódio proporcionalmente ao que, antes, chamavam de amor. Lamentavelmente, os filhos iam crescendo dentro desse contexto de animosidade, com os laudos indo e voltando para uma reavaliação das condições biopsicossociais, sem uma resolução judicial satisfatória, até porque não havia o interesse legítimo dos familiares envolvidos em uma solução melhor para todos.

Um ciclo doentio do qual a judicialização do conflito familiar não consegue dar conta. Questões, por vezes, peculiares a determinada família, mas incapazes de serem resolvidas por meio do diálogo e do bom senso.

Sabe-se que viemos de uma aplicação do direito tradicional e polarizado, onde se ganha ou se perde. Essa cultura vem perdurando não só nos cursos de formação do Direito, mas também incutida nas pessoas que buscam as decisões judiciais como uma ameaça ou punição. O Direito das famílias deve ser visto de uma forma completamente diferente dos "outros" Direitos, pois envolvem pessoas que precisam seguir adiante com suas vidas e com a vida de seus filhos. Costumava dizer que, em Direito de Família, ou todo mundo ganha ou todos perdem, se não houver um olhar diferenciado que busque a satisfação de todos, embora nem sempre plena, mas possível de se alcançar por meio de uma conciliação.

"Vou colocar você na justiça"

Quando se está trabalhando com casais separados, é muito comum ouvir essa frase: "Vou colocar você na justiça". Na grande maioria das vezes, tal frase significa que alguém não está cumprindo com seus deveres e obrigações, seja como pai/mãe ou algum compromisso assumido e não correspondido.

Ocorre muito comumente quando um dos genitores, responsável pelo pagamento de pensão alimentícia, não está cumprindo espontaneamente com os deveres parentais. Quando da separação do casal, muitos ex-companheiros não se planejam adequadamente, acarretando grandes mudanças na situação sócio-financeira dos filhos e de si próprio. O que antes era tratado em conjunto em um só núcleo familiar, será, dali em diante, tratado como dois, considerando que os filhos irão transitar entre duas casas, agora com identidades diferentes, com características de particularidades de cada genitor.

É importante lembrar que, quanto menos interferência na rotina dos filhos, melhor será para eles. Então, se sua rotina for composta por atividades, por exemplo, como escola, natação, línguas ou outra atividade; os pais devem se preparar financeiramente e manter o que era habitual e rotineiro o mais semelhante possível. Isso não significa que não haverá mudanças na vida de todos, mas essas devem ser tratadas de maneira que não prejudique a vida dos filhos.

Sabe-se que não é fácil transformar o que era unidade em duas partes, quando se refere à questão financeira, pois, na maioria dos casos, ela é prejudicada com a separação conjugal. Se não for tratada de forma adequada, quando se pretende constituir uma nova família, tudo se complica mais.

Em se tratando dos filhos, as questões devem ser discutidas em conjunto buscando uma melhor forma de dar continuidade à formação deles. Quando os pais conseguem colocar suas diferenças de lado e focar nas necessidades dos filhos, será menos difícil o período de transição que irão passar com a separação. Se cada genitor exercer seu papel coparental com responsabilidade, os filhos saberão o seu lugar de pertencimento com cada um dos pais. O casal que antes tratava da conjugalidade, agora, nessa nova realidade, irá prevalecer a coparentalidade.

A justiça, sem dúvida, possui um papel relevante na determinação das obrigações e de seu cumprimento, mas não pode ser utilizada simplesmente como forma de punição em caso de descumprimento das responsabilidades parentais. Existem meios que favorecem o acordo judicial, como a mediação e a conciliação, quer sejam judiciais ou pré-judiciais, para estabelecer contratos que enumeram as obrigações e responsabilidades coparentais. Inclusive, há setores no âmbito judicial que oferecem esse tipo de abordagem, a exemplo dos Centros Judiciários de Solução dos Conflitos – CEJUSC.

Um aspecto que costuma ser associado à pensão alimentícia, pelas pessoas leigas, é a regulamentação de convivência, antes chamada de regulamentação de visitas. É muito comum, quando um dos pais não está cumprindo com seu dever de prestar alimentos, o outro passa a dificultar a aproximação dos filhos com aquele que tinha a obrigação de prestá-los. Sabemos que não há relação jurídica entre as duas obrigações, embora, na prática, costuma-se justificar tal impedimento. Nessas situações, os filhos são impedidos de ver seu genitor ou genitora por uma razão que não lhes diz respeito, pois é um direito deles, enquanto pessoas em formação, de conviverem com ambos os pais e suas respectivas famílias extensas.

Ainda que o nome "pensão alimentícia" ou "alimentos" sugira apenas algo ligado à alimentação, do ponto de vista jurídico, ele engloba muitos outros deveres, como educação, saúde, habitação, vestuário e, inclusive, lazer; não menos importante para a formação das crianças e adolescentes. É um direito dos filhos considerado, do ponto de vista jurídico, de natureza fundamental, que é o direito à vida e à subsistência.

"A guarda é minha"

A guarda é um termo usado na esfera jurídica para indicar a posse de algo ou alguém, contudo, é evidente que, quando aplicado a pessoas, traz um sentido de propriedade que não deveria haver. Quando ocorre a separação do casal e os filhos passam a ficar sobre uma convivência contínua de um dos genitores, estamos diante de uma modalidade de guarda conhecida como unilateral, mas na nossa legislação e na realidade fática existem outros tipos, a guarda compartilhada e a guarda alternada, em determinadas indicações.

A guarda como preceito jurídico tem a garantia de proteção e direito dos filhos diante da realidade da separação conjugal, mas sabemos que muitas vezes não é conduzida dessa forma. Na hora da mágoa e decepção com o fracasso da relação conjugal, as atitudes e condutas passam a ser motivadas pela raiva e desejo de vingança. Muitas vezes, não há discernimento entre a razão e a emoção. Com isso, ter a companhia dos filhos passa a ser um elemento de disputa que pode levar ao desgaste da coparentalidade, necessária para a continuidade das relações parentais enquanto responsáveis pela formação contínua dos filhos.

É muito comum vermos, em um casal em separação, aquele que detém a guarda de fato dizer "a guarda é minha" como se fosse um poder de controle e submissão sobre o que diz respeito aos filhos. O direito dos adultos não deve jamais se sobrepor aos direitos das crianças e dos adolescentes. O poder familiar é a responsabilidade legal da proteção e respeito aos direitos dos filhos, um poder exercido em conjunto pelos pais. Segue-se o princípio do "melhor interesse da criança" que sobrepõe qualquer outro direito, pelo princípio da dignidade da pessoa humana.

A guarda não coincide com o conceito de poder familiar, eles são distintos em sua natureza. O poder familiar decorre das relações de parentalidade, ou seja, é "um conjunto de responsabilidades e incumbências de natureza patrimonial e existencial, atribuído de forma conjunta aos pais, independentemente de sua situação conjugal" (Xavier; Colombo, p. 40, 2021). Enquanto a guarda diz respeito à companhia dos filhos, seja ela exclusiva ou compartilhada entre os genitores, pode ser exercida por pessoas que não são os pais. O que parece algo simples do ponto de vista normativo, na prática, ainda existe dificuldade em se estabelecer a guarda compartilhada. Ela é muito confundida com a guarda alternada que não está prevista nas normas legais, contudo é defendida por outrem.

A divisão de responsabilidades e as tomadas de decisões em conjunto são componentes da guarda compartilhada, que passou a ser regra em nossa legislação. A exceção ocorre quando um dos genitores expressa que não tem interesse em compartilhar a guarda, dando ao outro genitor a guarda exclusiva. A sua essência não se encontra na habitação da criança, mas no compartilhamento das decisões em relação aos filhos, a exemplo da escola e das atividades em que eles estarão envolvidos em sua rotina. Na guarda alternada, entende-se que a criança poderá possuir mais de uma habitação, por muitos rejeitada essa possibilidade; entretanto, não se pode descartá-la. Cada caso é um caso, e pode ser possível que seja o ideal para determinada criança ou adolescente.

Recomeços

Seguir em frente e dar espaço ao novo é criar novos projetos de vida. Os filhos irão crescer na realidade que for construída pelos pais junto com os seus valores e as suas escolhas. A justiça não dá conta dessa parte imprescindível na vida da família. As decisões judiciais ajudam a seguir em frente com a resolução de uma etapa, mas não possuem o poder "mágico" de resolver todos os conflitos familiares. A família pós-separação, agora formada pela coparentalidade, deve tomar as rédeas das decisões, considerando as suas próprias peculiaridades que só os envolvidos são capazes de avaliar. Muitas vezes, usar do bom senso é mais adequado e resolutivo do que uma decisão imposta por um terceiro.

Referência

XAVIER, M. P.; COLOMBO, M. B. S. Guarda e autoridade parental: por um regime diferenciador. *In:* TEIXEIRA, A. C. B.; DADALTO, L. (coord.). *Autoridade parental*: dilemas e desafios contemporâneos. 2. ed. Indaiatuba: Editora Foco, 2021.